Cleuton Sampaio

QUALIDADE
DE SOFTWARE NA PRÁTICA

Como reduzir o custo de manutenção
de software com a análise de código

EDITORA
CIÊNCIA MODERNA

Qualidade de Software na Prática - Como reduzir o custo de manutenção de software com a análise de código

Copyright© Editora Ciência Moderna Ltda., 2014

Todos os direitos para a língua portuguesa reservados pela EDITORA CIÊNCIA MODERNA LTDA.
De acordo com a Lei 9.610, de 19/2/1998, nenhuma parte deste livro poderá ser reproduzida, transmitida e gravada, por qualquer meio eletrônico, mecânico, por fotocópia e outros, sem a prévia autorização, por escrito, da Editora.

Editor: Paulo André P. Marques
Produção Editorial: Aline Vieira Marques
Assistente Editorial: Amanda Lima da Costa
Capa: Carlos Arthur Candal
Diagramação: Tatiana Neves

Várias **Marcas Registradas** aparecem no decorrer deste livro. Mais do que simplesmente listar esses nomes e informar quem possui seus direitos de exploração, ou ainda imprimir os logotipos das mesmas, o editor declara estar utilizando tais nomes apenas para fins editoriais, em benefício exclusivo do dono da Marca Registrada, sem intenção de infringir as regras de sua utilização. Qualquer semelhança em nomes próprios e acontecimentos será mera coincidência.

FICHA CATALOGRÁFICA

MELO JUNIOR, Cleuton Sampaio de.

Qualidade de Software na Prática - Como reduzir o custo de manutenção de software com a análise de código

Rio de Janeiro: Editora Ciência Moderna Ltda., 2014.

1. Programação de Computador – Programas e Dados 2. Ciência da Computação
I — Título

ISBN: 978-85-399-0494-5

CDD 005
004

Editora Ciência Moderna Ltda.
R. Alice Figueiredo, 46 – Riachuelo
Rio de Janeiro, RJ – Brasil   CEP: 20.950-150
Tel: (21) 2201-6662/ Fax: (21) 2201-6896
E-MAIL: LCM@LCM.COM.BR
WWW.LCM.COM.BR

"The problems of the real world are primarily those you are left with when you refuse to apply their effective solutions".

("Os problemas do mundo real são principalmente aqueles que lhe restam, quando você se recusa a aplicar as suas soluções eficazes", traduzido pelo autor).

Prof. Dr. Edsger W. Dijkstra, 1988

http://www.cs.utexas.edu/users/EWD/transcriptions/EWD10xx/
EWD1036.html

Dedico este trabalho à minha família: Fátima,
Rafael, Tiago, Lucas e Cecília.

Introdução

Trabalhei durante muito tempo como um "crítico de arte", ou seja, eu analisava o código que os outros produziam, tentando encontrar pontos fracos e oportunidades de melhoria. Devo confessar que não gosto inteiramente de realizar esse trabalho, pois considero que poderia fazer coisas melhores. Porém, deu-me a oportunidade de praticar muito a arte de analisar código, permitindo-me, entre outras coisas, escrever este trabalho.

Dívida técnica

A dívida técnica, traduzida por alguns como "débito técnico", é "o mal" da década na área de Engenharia de Software e tem sido a crescente dívida técnica dos projetos de software. Esta expressão, dívida técnica, foi popularizada por Ward Cunningham em 1992, para representar o esforço adicional necessário para manter um software de baixa qualidade técnica.

Em outras palavras, nós, desenvolvedores, criamos um enorme passivo, que se manifesta na demora e no retrabalho gerados pela manutenção em código ruim. Esse passivo não é criado só por culpa nossa, mas sempre somos atingidos por ele.

E qual é a solução? Como reduzir a dívida técnica? Só há uma saída: analisar o código proativamente, refatorando e corrigindo os eventuais desvios da meta desejada de qualidade.

Análise do código

Mal havia sido publicado meu último livro, intitulado "O Guia de Campo do Bom Programador" (editora Brasport), fui procurado por diversas pessoas interessadas no aspecto da análise de código, pois tinham problemas reais a resolver e, no referido livro, o assunto não era tratado em profundidade. É claro que não, pois sua intenção era diferente.

VIII | **Qualidade de Software na Prática**

Então, percebi que deveria aprofundar mais o assunto e usar minha experiência para orientar aqueles que se encontram nessa difícil (e incompreendida) seara.

Porém, vou logo avisando: quem não está envolvido com a produção do código-fonte, tende a produzir análises mais eficazes. Antes que os "críticos de plantão" venham massacrar-me, deixe-me explicar melhor... Eu continuo pensando que analisar código é tarefa do pessoal de desenvolvimento, afinal, quem produz código é quem está mais preparado para criticá-lo. E estou firmemente convicto de que o próprio programador deve usar uma análise estática e métricas em seu dia a dia. Mas, para produzir uma análise mais justa e transparente, é melhor que o "crítico" não tenha participado da construção do sistema.

Há quem defenda outros pontos de vista, tais como, a existência de um órgão (ou comitê) de análise de código, totalmente desvinculado da área de desenvolvimento, ao qual caberia dar o "veredito" sobre o destino de um projeto. Eu não concordo com esse ponto de vista, pois penso que o melhor crítico é quem produz código como atividade diária.

Até aqui, só blá-blá-blá... Por que análise de código é importante?

Porque pode fazer sua empresa aumentar a produtividade (e a lucratividade). Simples assim.

Até pouco tempo atrás, alegava-se que a intangibilidade do software diminuía a possibilidade de analisar sua qualidade, e que esta apresentava-se de maneira subjetiva. Bem, as coisas mudaram! Hoje, podemos averiguar o nível de qualidade de um software em poucos minutos, pois temos métodos, técnicas e ferramentas automatizadas, que permitem realizar uma "tomografia" do software rapidamente e com baixo custo.

Se sua empresa produz software para viver ou apenas como meio de produção, não importa. O que importa é que um software de baixa qualidade diminuirá a produtividade, aumentará os custos e, consequentemente, diminuirá a lucratividade da sua empresa.

Hoje, o software pode ser medido (análise de pontos de função) e até "cheirado" (análise de código), sem que tenhamos que olhar o código-fonte. Na verdade, nem precisamos dele... Daí a importância de dominar e praticar essa arte, seja com um software adquirido,seja construído internamente.

Logo, sem sombra de dúvida, a análise de código, se aplicada de maneira correta, pode ajudar-nos a reduzir a dívida técnica de nossos projetos.

Sobre este trabalho

Tudo o que escrevi aqui foi baseado em experiências reais do meu dia a dia, seja como analista, seja como professor.

Eu não queria criar um livro muito grosso, mas um guia prático, que pudesse ser lido e relido durante o trabalho... Um livro para ficar sujo de café, jogado em cima da mesa, ao lado do computador, e que as páginas ficassem marcadas com orelhas e riscos de marca-texto.

Então, veremos um panorama geral sobre a análise de código e seus vários aspectos, ferramentas e técnicas para melhoria. Vamos analisar o código-fonte, descobrir pontos de falha e mostrar como corrigir. Todos os arquivos de exemplo podem ser baixados no site: http://www.obomprogramador.com.

Vamos usar ferramentas gratuitas, que você poderá baixar e usar à vontade.

O livro começa com uma boa base teórica, explicando e conceituando o que é "análise de código", depois, veremos as técnicas e as boas práticas que determinam um software de boa qualidade, concluindo com exemplos práticos de análise de código e implementação das observações.

Sobre o público-alvo

Este livro é para programadores de todas as denominações: arquitetos, engenheiros de software, analistas de sistema etc.

E eu acho que também serve para quem está estudando e entrando nessa área, pois é muito bom saber esta prática para evitar erros logo no início dos projetos.

Por que Java?

Eu sou arquiteto certificado Java (SCEA) e desenvolvo sistemas em Java há muito tempo, mas não é por isso que o escolhi para escrever este trabalho. Eu quero ser o mais transparente e autêntico possível, e a minha realidade de trabalho é com o Java.

É claro que os conceitos apresentados aqui se aplicam a outras linguagens e ambientes, tais como, Microsoft .NET e, em menor grau, a linguagens de script tipo PHP.

Mas o Java, segundo a lista TIOBE (na época em que escrevi: maio de 2012), ocupa o segundo lugar em popularidade, logo atrás da linguagem C. Logo, é um bom indicador sobre sua utilização no mercado.

Mas, se você não programa em Java, não desanime! O livro ainda vale a pena pelas técnicas que eu procuro mostrar.

Código-fonte

O código-fonte que acompanha o livro pode ser baixado nos seguintes sites:

- Editora Ciência Moderna (procure o livro): http://www.lcm.com.br;
- O Bom Programador: http://www.obomprogramador.com.

Cleuton Sampaio
http://www.obomprogramador.com

Sumário

Capítulo 1

Dívida Técnica 1

   As causas da dívida técnica 4

      Consequências da dívida técnica 6

      Soluções 8

Capítulo 2

Análise do Código 11

   Benefícios da análise do código 14

   Análise estática e dinâmica 18

   Métricas e critérios 19

   O que fica de fora 20

      Testes funcionais 20

      Testes do sistema 21

      A análise do código é um raio X 21

   Análise do código evolutiva 22

Capítulo 3

Boas Práticas 23

   Evitar introduzir "bugs" no código-fonte 23

      Por que introduzimos bugs no código? 23

      Baixa manutenibilidade 24

XII | **Qualidade de Software na Prática**

Baixa cobertura dos testes 26

Brittleness 27

E como evitamos introduzir bugs? 28

Princípios do projeto orientado a objetos 28

Princípio da Responsabilidade Única 29

Princípio da Inversão de Dependências 30

Princípio da Segregação de Interfaces 31

Instabilidade e abstrações 33

Fatoração de comportamentos 34

Refatoração 38

O que é refatorar? 38

Resultados e benefícios 39

Reuso 41

Testes 44

Problemas atuais com os testes de caixa branca 44

Como testar com eficácia 47

Test-diven development (TDD) 54

Como funciona o TDD 55

Ciclo 56

Críticas ao TDD 56

Melhor alternativa 57

Código autodocumentado é melhor que código comentado 57

Documentação 57

Comentários 58

Não mantenha o "código antigo" comentado 61

Refatorações para melhorar o entendimento do código 63

Capítulo 4
Principais Indicadores **65**

Tamanho 65

Source Lines of Code 65

Quantidade de métodos e campos 69

Confiabilidade do código 71

    Duplicidades 71

    Código "morto" 74

    Comentários 75

    Conformidade com regras padronizadas 77

Flexibilidade 80

    Coesão 81

    Acoplamento 83

    Embaralhamento 92

    Complexidade 98

Cobertura dos testes 101

Capítulo 5
Ferramentas para Avaliar Código-Fonte 105

Plugins para IDE 105

    Eclipse 106

    NetBeans 112

Ferramentas "Stand-alone" 114

    JDepend 114

    PMD 117

    CheckStyle 119

    FindBugs 121

Plugins para Maven 123

    Configurando plugins 124

    Cobertura de testes 128

Sonar 130

Conclusão 134

Capítulo 6
Estudo de Caso 135

Descrição do cenário 135

    Simples e rápido não significa boa solução 136

XIV | Qualidade de Software na Prática

Visão geral da solução inicial 137

Teste do sistema 140

Primeira impressão 143

Primeiras análises 144

Calculando o tamanho da dívida técnica 146

Transformando em projeto Maven 146

Analisando com plugins para o site Maven 148

Analisando com o Sonar 150

Conclusão 156

Capítulo 7
Reduzindo a Dívida Técnica 157

O que devemos fazer 158

Refatoração 159

Retrofit do software 159

Reengenharia de software 161

Jogar tudo fora e começar novamente 162

O melhor caminho 162

Trocando procedimento por configuração 164

Análise do XML 164

Inserção no banco de dados 169

Impressão do relatório 170

Separação em camadas lógicas 170

Camada de apresentação 171

Camada de lógica de negócios 173

Camada de persistência 179

Criar testes 181

Primeira avaliação 184

Dívida restante 186

Aumentando a cobertura dos testes 187

Mexendo na camada de apresentação 192

Documentar a API 195

Sumário | XV

Segunda avaliação 198

Conclusão 202

Lições importantes sobre redução da dívida técnica 202

    Não confie cegamente nas métricas 202

    Não confie cegamente em uma única ferramenta 203

    Não tente zerar tudo 203

Capítulo 1
Dívida Técnica

Em inglês, esta expressão é "technical debt", que é traduzida adequadamente como "dívida técnica". Porém, está sendo difundida no mercado brasileiro como "débito técnico", talvez pela similaridade de pronúncia. De qualquer forma, o significado se mantém, pois "entrar em débito" significa "assumir uma dívida". Porém, vamos utilizar a tradução correta.

Ward Cunningham, em seu trabalho de 1992, "The WyCash Portfolio Management System", disse:

> *Shipping first time code is like going into debt. A little debt speeds development so long as it is paid back promptly with a rewrite. Objects make the cost of this transaction tolerable. The danger occurs when the debt is not repaid. Every minute spent on not-quite-right code counts as interest on that debt. Entire engineering organizations can be brought to a stand-still under the debt load of an unconsolidated implementation, object- oriented or otherwise.*

Podemos interpretar sua afirmação como (tradução e interpretação do autor):

> *Entregar código imaturo é assumir um débito. Um pequeno débito acelera o desenvolvimento, contanto que seja pago, assim que possível, com uma revisão do código-fonte. A orientação a objetos torna este custo tolerável. O perigo ocorre quando o débito não é pago. Cada minuto gasto com um código-fonte ruim conta como juros da dívida. Organizações de engenharia de software inteiras podem ser levadas a um "beco sem saída" sob o peso do débito de uma implementação ruim, orientada a objetos ou não.*

É uma comparação perfeita! Para ilustrar, vou contar algumas histórias sobre dívida técnica.

2 | Qualidade de Software na Prática

Rápido e rasteiro

Há alguns anos, eu trabalhei em uma grande empresa de software. Eu trabalhava na manutenção de diversos softwares de um determinado cliente. Um desses softwares era uma verdadeira dor de cabeça, o sistema "XPTO" (nome trocado para proteger os envolvidos). Ele gerava informações exigidas por uma agência reguladora e se falhasse, poderia gerar multas para o cliente. O que acontecia com certa frequência.

O XPTO foi programado com uma linguagem ultrapassada e utilizava um ambiente de desenvolvimento mais ultrapassado ainda. O código era... Bem, podemos pensar como algo que passa pela tubulação de esgoto. Não havia muita necessidade de manutenção, porém, quando havia solicitação de mudança, gerava uma grande tensão. Eu fiz algumas manutenções no XPTO e, graças a Deus, cometi poucas falhas, e estas não geraram multas. Porém, muita gente já havia sofrido as consequências nefastas daquele código péssimo.

Como era novato, eu procurei o gerente de projeto e disse que eu poderia reescrever o XPTO em pouco tempo e com pouco investimento, o cliente teria um sistema mais confiável.

O gerente me disse que eu era a décima pessoa a propor a mesma coisa e que, sempre que ele propunha ao cliente, a resposta era a mesma. Eles só aceitariam se a conversão fosse totalmente paga pela nossa empresa. E tem mais, até o salário dos funcionários deles, envolvidos na conversão, teria que ser pago.

E para me esclarecer o motivo, ele me contou a história do XPTO. Certa vez, uma agência reguladora informou que iria exigir informações sobre as transações do cliente, enviadas de tempos em tempos automaticamente. A empresa na qual eu trabalhava, ao invés de analisar a situação, incumbiu uma estagiária de resolver o problema. A moça criou um programinha em dois dias, que atendia perfeitamente à exigência da agência reguladora. Então, apressaram-se em oferecer ao cliente e conseguiram bons contratos por causa disto.

Neste momento, assumiram uma dívida técnica imensa, cujos juros, manifestados a cada manutenção, eram muito altos e cresciam exponencialmente.

O legado do herói

Certa vez, eu trabalhei em uma empresa que atuava no mercado financeiro. Ela utilizava um sistema de controle de operações totalmente antiquado. Só para ter uma ideia, ele só podia ser executado em um determinado computador mainframe, pois havia sido codificado na linguagem assembly daquele equipamento.

Na empresa, só havia um "herói" que compreendia o sistema e sempre que era invocado, resolvia o problema, para o bem geral de todos. Só ele conhecia o sistema e reinava absoluto sobre o Bem e o Mal. Enquanto ele resolvia os problemas, de forma rápida e eficaz, tudo estava bem para o gerente da empresa. É claro que o "herói" sempre foi promovido e jamais era perturbado. Ele se dava ao luxo de aparecer para trabalhar apenas duas vezes por semana ou quando o "alarme" tocava.

Com o passar do tempo, as normas da autoridade reguladora do mercado financeiro tornaram-se mais complexas, gerando necessidade de manutenção nos sistemas das empresas atuantes, como aquela, na qual eu trabalhava. Com tantas manutenções complexas, o prazo para concluir o trabalho aumentava exponencialmente, como acontece em qualquer sistema com "Brittleness" (*). Chegou a um ponto em que o tal "herói" não conseguia mais dar conta do recado e ele foi internado com estafa.

E o que aconteceu? Uma sequência de problemas, com altas multas. Só depois de muito tempo (e multas) foi possível estabilizar o tal sistema, que acabou sendo refatorado "na marra".

Gente, onde existe um herói, falta autoridade! Heróis são necessários onde existe um vazio de gestão e, geralmente, trazem mais malefícios que benefícios. Legados de heróis são a causa mais comum da dívida técnica.

Métodos ágeis, sistemas ruins

Eu não sou inimigo dos métodos ágeis! O problema é quando são empregados para mascarar problemas... Os espertinhos adoram dizer que usam "métodos ágeis", pois não fazem cronograma e, qualquer problema, é dividido pela equipe, pois existe o preceito de "posse coletiva do código-fonte".

Em uma empresa onde trabalhei, havia uma equipe que resolveu adotar um "modelo ágil" de desenvolvimento. Foi parabenizada e reconhecida, sendo o líder

---

*(*) **Brittleness** (http://en.wikipedia.org/wiki/Software_brittleness) é um problema que acomete sistemas antigos, que sofreram muitas manutenções, sem refatoração. É o problema que acontece quando consertamos "aqui" e causamos um problema "ali".*

Qualidade de Software na Prática

da equipe devidamente recompensado. Apressaram-se em colocar um **Kanban** (*) e os malditos papeizinhos amarelos, que adornavam lindamente o quadro.

Tudo ia bem, até que tiveram um baita problema e chamaram-me para ajudar a resolver. Bem, o que seria um problema de suporte (eles culpavam o Java, o Container e tudo mais) acabou revelando-se um problema de lógica, que não foi detectado nos testes. Por falar em testes, onde estavam? O "líder" da equipe zanzava desesperado, indo de pessoa em pessoa para tentar descobrir onde estavam os testes. No repositório SCM (Software Configuration Management) não estavam.

Bem, para resumir, a qualidade do código estava muito, mas muito ruim mesmo. E ele havia passado nos testes de aceitação porque eram manipulados pelos desenvolvedores. E aí eu pergunto: de que adiantou usar um método ágil se a dívida técnica era gigantesca? Foi necessário uma refatoração no nível do sistema, que consumiu quase o mesmo tempo de desenvolvimento para colocar "ordem no galinheiro".

As causas da dívida técnica

Não existe um projeto de software sem alguma dívida técnica. É uma realidade e temos que aceitá-la. É claro que se você criar um sistema pequeno, composto por poucas classes e tiver tempo, poderá fazer de modo academicamente lindo, sem débito algum. Mas isto não faz parte da realidade das empresas.

É normal tolerarmos alguma dívida técnica, de modo a cumprir prazos externos, afinal, não podemos ficar "enxugando gelo" eternamente enquanto o cliente espera pelo software. Existe um ponto no qual temos que entregar, senão, corremos o risco de ter o cancelamento do projeto.

É comum e aceitável que um sistema contenha algum tipo de débito, por exemplo:

- Algumas violações de regras (PMD, CheckStyle e Findbugs) *major* ou *minor*;
- Um pouco de embaralhamento (acoplamento, dependências ruins);

(*) **Kanban**: *(http://pt.wikipedia.org/wiki/Kanban) é um sistema de controle de produção, criado no Japão, onde existe um quadro, representando o fluxo de produção, e são utilizados papéis adesivos ou luzes, representando as partes ou as etapas necessárias para finalizar um produto. Os papéis vão andando pelo fluxo até que o produto esteja pronto.*

Capítulo 1 - Dívida Técnica | 5

- Cobertura de testes abaixo de 100%;
- Complexidade um pouco alta em algumas classes;
- Código mal escrito, que poderia ser refatorado;
- Algumas violações de princípios de projeto orientado a objetos (http://c2.com/cgi/wiki?PrinciplesOfObjectOrientedDesign).

Só que esse débito tem que ser conhecido, contabilizado e sua correção gradual deve ser programada. Refatorações ocasionais podem ajudar a trazer a dívida técnica para um patamar aceitável.

A principal causa da dívida técnica é a necessidade de balancear qualidade e entrega. Se quisermos ter alta qualidade, vamos ter um maior prazo de entrega e custará mais caro. Isto não quer dizer que devemos entregar porcarias, mas que devemos chegar a um balanceamento que agrade ao cliente e cujo débito podemos controlar.

Eu me arriscaria a dizer que devemos aplicar a **Lei de Pareto** (http://pt.wikipedia.org/wiki/Princ%C3%ADpio_de_Pareto) aqui, ou seja, 20% das causas geram 80% dos problemas e se as corrigirmos, o que sobrar, poderá ser administrado. Porém, se não corrigirmos esses 20%, teremos uma dívida técnica, cujos juros se manifestam a cada manutenção, na forma de aumento de prazo, custo e risco.

As outras causas da dívida técnica, que geralmente criam juros altíssimos, são:

- **Results-driven programming**: programação orientada a resultados, ou seja, o que importa é passar nos testes e ser aceito. Entregar é tudo, o resto é conversa fiada;

- **Apagar incêndio**: entregar rapidamente soluções questionáveis só para ganhar o cliente.A diferença para "Results-driven programming" é que, geralmente, a solução é um "bacalhau", ou seja, algo que foi criado rapidamente em um ou dois dias e que resolve o problema de imediato;

- **Legado do herói**: confiar em "heróis" para realizar o trabalho "sujo", fazendo algum tipo de acordo com eles. Afinal, quem se importa com a "senzala", quando tudo vai bem na "casa grande"?

- **Má gestão**: todos querem ser chefes e líderes, mas poucos sabem o que significa gerenciar um projeto. Logo, adotar técnicas e jargões da "moda" (Kanban, Scrum, XP ...), mesmo sem entender como funcionam, pode impressionar os mais fracos, mas não implica em aumento de qualidade do software;

6 | Qualidade de Software na Prática

• **Má gestão de negócios de TI**: o cliente fica pressionando para entregar logo, mas de quem é a culpa? É do analista de negócios, que vendeu mal. Ele não conscientizou o cliente sobre os riscos de software de má qualidade. Na verdade, ele pode ter vendido o projeto sem consultar a equipe sobre prazos e agora, tem que entregar para salvar a própria pele.

Resumindo:

> *A maior causa da dívida técnica é a presença de amadores no caminho crítico dos projetos de software.*

Esta explicação é, modéstia à parte, minha. E é a mais pura verdade. Amadores são aqueles que se dizem profissionais de informática, porém, quando o "bicho pega", repetem:

• "Eu não conheço Java" ou "Eu não conheço .NET"...

• "Eu não sou mais programador"...

• "Meu papel é só de gestão"...

• "Eu só entendo de requisitos"...

Na minha opinião, se você está no caminho crítico de um projeto de software, tem que ser engenheiro de software e tem que conhecer as técnicas e ferramentas envolvidas, caso contrário, será apenas um "amador".

Não concorda? Então, diga-me: o CREA (http://www.crea-rj.org.br) deixaria uma pessoa que não seja formada em Engenharia Civil gerenciar o projeto de um edifício? É claro que não! E se deixasse, eu não moraria no prédio construído desta forma.

Consequências da dívida técnica

É um erro grosseiro pensar que a dívida técnica só afeta os engenheiros de software! É um problema que afeta toda a organização que o produziu, do cliente até o suporte de TI. Todos sofrem com a dívida técnica, mas poucos se dispõem a resolvê-la. Por quê? Porque não dá "voto"! Reduzir dívida técnica é um trabalho "da senzala", considerado como obrigação, relegado ao "gueto" dos desenvolvedores. Os gestores sequer consideram os problemas de falta de qualidade do software como dívida.

Para os desenvolvedores

Começando pelos desenvolvedores, a dívida técnica os afeta na forma de alta complexidade e risco de manutenção, gerando muitas horas extras e esforço para fazer coisas simples. Com o passar do tempo, os desenvolvedores passam a buscar outras opções, deixando o "monstro" para outros infelizes.

Podemos listar as consequências como:

• Prazo maior para efetuar manutenções

• Testes ineficazes

• Retrabalho

• Alto custo

Para o líder da equipe

A seguir, vem o líder da equipe, que pode acabar sendo destituído por causa dos diversos problemas gerados pela dívida técnica. Sua cadeira se torna uma "rampa de lançamento", de onde os infelizes são catapultados em determinado momento. E o que ele pode fazer? Como ele pode convencer o cliente que é necessário fazer uma "faxina" no software para reduzir a dívida? Ao mesmo tempo, ele tem que ficar no ciclo de procurar um novo desenvolvedor, treiná-lo e vê-lo pedir as contas.

Temos:

• Incertezas nos prazos

• Rotatividade da equipe

• Falhas nos testes

• Alto custo do suporte pós-entrega

Para a área de produção

A área de produção, ou de operação de sistemas, é muito afetada pela dívida técnica. Sistemas de baixa qualidade também apresentam baixa confiabilidade, gerando problemas aleatórios, consumindo recursos em demasia e afetando os bancos de dados. Um sistema ruim pode afetar toda uma cadeia de processamento de informações, gerando altos custos com operação. Um sistema parado significa recursos desperdiçados. Podemos listar os problemas para a produção:

Qualidade de Software na Prática

- Despesas com pesquisas de falhas;
- Problemas para cumprir acordos no nível do serviço e no nível operacional;
- Problemas com sistemas dependentes devido à propagação de falhas;
- Maior custo operacional que afeta o TCO (Total Cost of Ownership: http://pt.wikipedia.org/wiki/Total_cost_of_ownership).

Para o suporte

As áreas de suporte (primeiro nível e segundo nível) ficam sobrecarregadas com falhas direta ou indiretamente causadas por um sistema ruim. A quantidade de falhas acaba forçando a área de suporte solicitar projetos de correção do sistema. Os principais problemas são:

- Perda de tempo com falhas constantes;
- Custo de atender e consolidar as falhas.

Para o cliente

O cliente é quem mais sofre com um sistema ruim, pois pode ter a sua operação e, até mesmo, sua estratégia competitiva afetadas por falta de confiança no sistema. E por incrível que pareça, o pessoal de TI adora culpar o cliente pelos problemas, alegando que foi o excesso de pressão que gerou o sistema ruim. Nada disso! A falha em estimativas reais e a pressa de fechar negócio podem ter sido as causas.

As consequências para o cliente são:

- Perda de receita e credibilidade devido às falhas;
- Perda de flexibilidade e competitividade devido aos altos prazos e custos de manutenção;
- Baixo retorno do investimento devido aos crescentes "juros" a serem pagos, cada vez que o sistema necessita de manutenção.

Soluções

Antes de prosseguir, gostaria de dizer que podemos admitir alguma dívida técnica, desde que a tenhamos sob controle. É difícil ou mesmo inviável criar e manter um sistema 100% perfeito. Martin Fowler tem um excelente artigo (http://

martinfowler.com/bliki/TechnicalDebtQuadrant.html), no qual qualifica a introdução de dívida técnica em quadrantes:

Imprudente

"Não temos tempo para projeto"

Deliberado

Prudente

"Temos que entregar agora, e lidar com as consequências"

Inadvertido

"O que são camadas?"

"Agora, que sabemos, não deveríamos ter feito isso"

Temos quatro situações:

• **Deliberado e imprudente**: a equipe sabe que existem boas práticas, porém opta por não utilizá-las por acreditar que não teria tempo. Isto, geralmente, é falha gerencial, na minha opinião, e é o pior gerador de dívida técnica;

• **Inadvertido e imprudente**: a equipe desconhece as boas práticas, por isto não as aplica. Pode ser que, se capacitadas adequadamente, passem a valorizar e empregar boas práticas, produzindo um código-fonte melhor, passando ao quadrante Inadvertido e Prudente;

• **Inadverdito e prudente**: a equipe descobre que determinada prática não é boa, logo, passará a evitá-la nos futuros projetos;

• **Deliberado e prudente**: a equipe sabe da dívida técnica existente, porém, assume de modo a acelerar a entrega. Eles já sabem que terão que diminuir o débito futuramente.

O débito deliberado e prudente é saudável, pois pode ser um bom balanceamento entre entrega e qualidade, deixando espaço para uma melhoria constante. Ao invés de ficar "polindo a maçã" indefinidamente, a equipe aplica a Lei de Pareto e resolve os 20% das causas de 80% dos problemas. O resto vai sendo administrado.

A melhor maneira de reduzir a dívida técnica é controlar sua cadeia produtiva de software, o que pode ser feito através das práticas:

1 - Criar e manter um sistema de **SCM**(Software Configuration Management) (http://en.wikipedia.org/wiki/Software_configuration_management), que inclua um repositório de código-fonte, controlado por gestores de configurações. Também deve haver um sistema de controle de mudanças, que esteja relacionado ao SCM;

2 - Organizar o portfólio de TI da empresa, na forma de um repositório de componentes compilados, com diferenciação de versões. A entrega ou a implantação somente pode ser feita a partir desse repositório, que é alimentado por um processo de Integração Contínua;

3 - Criar um processo de Integração Contínua (http://en.wikipedia.org/wiki/Continuous_integration), que execute os "builds" pelo menos diariamente, junto com os testes e as ferramentas de análise de código;

4 - Baseado nos relatórios de análise de código, vindos da IC, investir em melhorar a qualidade do sistema, buscando as 20% das causas dos 80% dos problemas.

É preciso estabelecer metas de qualidade para cada aspecto e avaliar a dívida técnica com relação a essas metas. Por exemplo:

• Conformidade com as regras (PMD, CheckStyle e FindBugs): mínimo de 80%, sem nenhuma violação crítica;

• Complexidade por classe: máximo de 20 e nenhum método com mais de 10;

• Dependências cíclicas entre os pacotes: zero;

• Cobertura de testes: mínimo de 70%.

Note que eu estou "chutando" estes valores, logo, não os utilize como referência!

Cada organização deve estabelecer suas "metas" de qualidade mínimas. Então, podemos calcular a dívida técnica como a diferença da avaliação atual do sistema com relação às metas.

A ideia é manter os sistemas dentro dos limites estabelecidos e não zerar completamente a dívida técnica, porque pode ser economicamente inviável.

Capítulo 2
Análise do Código

Neste livro, vamos concentrar-nos em uma das soluções para a dívida técnica, que é a análise do código. Mas tenho que assumir que você já possui um processo de desenvolvimento implantado, que preveja, entre outras coisas, o SCM (Software Configuration Management) e a integração contínua.

Se você, ou sua organização, não pratica nada disso, então, a análise do código será menos eficiente na redução de toda a sua dívida técnica.

O que é "análise do código"? Qual é o seu objetivo? Como é feita? Quais os resultados?

Bem, vamos tentar responder essas perguntas neste capítulo. Para começar, vamos à definição da Wikipedia (http://en.wikipedia.org/wiki/Program_analysis_ (computer_science)):

> *"In computer science, program analysis is the process of automatically analysing the behavior of computer programs. Two main approaches in program analysis are static program analysis and dynamic program analysis. Main applications of program analysis are program correctness and program optimization."*

("Na Ciência da computação, análise do código (ou do programa) é o processo de analisar automaticamente o comportamento dos programas de computador. Duas abordagens principais na análise do programa são a análise estática e a análise dinâmica do programa. As principais aplicações da análise do programa são a correção do programa e a otimização do programa." - traduzido pelo autor)

É interessante notar que a definição deixa claro que a análise deve ser conduzida de forma automática e que o comportamento deve ser observado. Isto não quer dizer que uma "inspeção visual" do código-fonte esteja totalmente descartada, mas deve ser

12 | Qualidade de Software na Prática

deixada como último recurso, geralmente para confirmar ou avaliar a relevância das observações automáticas ("falsos positivos").

O objetivo principal da análise do código é avaliar a qualidade do software produzido por meio de sua correção e outros indicadores variáveis, tais como, amanutenção, complexidade, desempenho e segurança. É óbvio que a análise deve ser realizada quando tivermos código-fonte suficiente para isto, porém, existe uma corrente, da qual sou adepto, de que a análise deve ser proativa, feita pelo programador durante o seu trabalho.

No meu entender, existem dois momentos básicos nos quais devemos analisar o código: durante a construção dos componentes e quando formos integrá-los ao sistema. Eu classifico desta forma:

• **Análise microscópica**: feita pelo programador durante a construção de um componente ou no momento de sua otimização. Seu foco é uma unidade do sistema e é muito mais detalhada. Seu objetivo é produzir um código de unidade bem coeso, de baixo acoplamento e otimizado. Apesar de ser detalhada, pode e deve ser feita com o auxílio de ferramentas automatizadas, como "plug-ins" de IDE (Integrated Development Environment) por exemplo;

• **Análise macroscópica**: feita automática e periodicamente em todo o código do sistema, cujo objetivo é analisar os grandes números e permitir uma comparação da evolução da qualidade do software. O ideal é que seja feita atrelada ao processo de integração contínua (http://martinfowler.com/articles/continuousIntegration.html e também em meu livro: "O Guia de Campo do Bom Programador", editora Brasport).

Também podemos classificar a análise de acordo com o objetivo:

• **Análise proativa**: feita durante o desenvolvimento, desde os primeiros estágios, de modo a reduzir os problemas de falta de qualidade do código-fonte;

• **Análise avaliativa**: feita após o desenvolvimento, para decidir se o sistema deve ou não ser homologado ou entregue ao cliente. O próprio cliente pode executar análises por conta própria.

É claro que a análise de código proativa tem mais valor para qualquer organização de produção de software, pois diminui a dívida técnica e melhora a imagem da companhia perante os clientes.

Capítulo 2 - Análise do Código | **13**

Normalmente, a análise do código é feita por programadores (engenheiros de software, analistas de sistemas ou arquitetos) e é realizada com base em critérios específicos, por exemplo:

- Padrões de codificação
- Normas de segurança da informação
- Desempenho
- Qualidade dos testes
- Manutenção

Apoio à decisão

A análise do código produz informações consolidadas para uma tomada de decisão, com base em critérios preestabelecidos. Mas qual decisão? Depende do momento em que ela é feita. Pode ser:

- "Go/Don't Go": Passamos para os testes de aceitação ou não?
- Vale a pena investir neste sistema ou é melhor investir em um novo?
- O que anda acontecendo com o projeto? Será que está no caminho certo?

Critérios

Alguns projetos podem possuir maior peso em alguns critérios e menor em outros. Por exemplo, um sistema Web, que ficará "de frente" para o público, deve ter muita atenção no desempenho e na segurança.

A análise do código complementa a validação e a verificação

De acordo com o SWEBOK (http://www.computer.org/portal/web/swebok/html/ ch11#Ref2.2) , a validação e a verificação do software inclui diversas atividades, sendo que a análise do código complementa ou suplementa, de certa forma, a atividade"peer review" (revisão por pares), prevista em muitos processos de desenvolvimento de software. Enquanto a "revisão por pares" está mais preocupada com os requisitos, a análise do código está mais preocupada com a qualidade geral.

E hoje, a análise do código é feita de maneira automatizada, com o uso de ferramentas, deixando a "inspeção visual" como último recurso. O crítico do software

14 | **Qualidade de Software na Prática**

(aquele que fará a análise do código) utiliza a saída das ferramentas para tirar conclusões sobre sua qualidade geral, podendo complementar seu trabalho com inspeções visuais direcionadas.

O resultado de um processo de análise do código é uma lista de observações (vamos evitar chamar de "problemas"), cujo peso e relevância devem servir de classificadores. Alguém, com poder de decisão, deve analisar essa lista e priorizar os itens que tenham maior impacto no código.

Benefícios da análise do código

Muitos desenvolvedores reprovam a análise do código, qualificando-a como "perfumaria". Isto acontece porque, muitas vezes, os gestores executam a análise no final do projeto, quando tudo já foi construído e testado. Embora também traga benefícios, é muito tarde para que algo seja feito.

Para obter mais benefícios, o código deve ser analisado constantemente, tendo os resultados comparados para verificar se houve evolução. O maior benefício dessa abordagem é que, ao final, o código já está bom o suficiente para ser homologado e implantando, além disto, permite corrigir problemas durante o "voo", ou seja, durante a construção.

Melhor ainda é capacitar os desenvolvedores para que também realizem a análise "microscópica", ou seja, durante a construção das unidades. Na minha experiência, isto elimina 80% dos futuros problemas.

Podemos listar os principais benefícios:

• Diminuição do retrabalho, com a entrega de um software bem testado e avaliado;

• Menor custo de manutenção (e propriedade), por meio de um software mais fácil de manter, adaptar e testar;

• Melhoria da reputação da empresa criadora do software para os clientes.

Todo software tem defeitos. Não se engane nem se iluda. Não existe programa perfeito. Em um projeto de software gerenciado visando a qualidade, há a tendência da maioria dos defeitos ser descoberta antecipadamente, minimizando o impacto de problemas pós-entrega do software para o cliente.

Qualidade custa caro

Sempre que eu ministro uma palestra sobre qualidade e teste de software, ouço críticas sobre o tempo gasto para refatorar e testar. Tanto gerentes de projeto como desenvolvedores alegam que os prazos não comportam muito "lero-lero" e que os clientes não estão dispostos a pagar ou esperar mais pelo software.

Isto é verdade? Você concorda com essas afirmações?

Bem, é verdade que agregar qualidade ao desenvolvimento de um software gera maiores custos. Sem dúvida! Refatorar, aumentar a cobertura de testes, aumentar a aderência a padrões e métricas, tudo isto representa um aumento de custo e prazo. Porém, eu me atrevo a perguntar: entregar um software sem qualidade também gera custos? A resposta é sim.

Retrabalho custa mais caro ainda

Existe uma máxima em desenvolvimento de sistemas que diz: "quanto mais tarde no projeto um defeito é descoberto, mais caro é para consertá-lo". Os defeitos podem ser estruturais, funcionais ou mesmo de requisitos. Se o cliente notar um defeito ou problema, pode ter certeza que ele cobrará sua correção, geralmente sem pagar por isso. É o que chamamos de "retrabalho".

A qualidade deve fazer parte do orçamento

Todo projeto de software deve incluir em seu orçamento o prazo e o custo dos mecanismos de garantia da qualidade:

- Revisões por pares
- Criação de testes
- Reserva para *refactorings*
- Reserva para melhoria e correção de bugs

Quem conhece gestão de projetos, sabe que devem ser feitas reservas (de prazo e custo) para cobrir os riscos. Existem dois tipos de reservas:

- Reservas de contingência: servem para cobrir os riscos identificados em um plano de riscos de projeto ("known unknowns"). São estimadas quantitativamente e devidamente destinadas nos planos de mitigação;

16 | Qualidade de Software na Prática

- Reserva gerencial: serve para cobrir os riscos não identificados ("unknown unknowns") de um projeto. Não é estimada, mas calculada com base em uma política organizacional, por exemplo: 5% do orçamento para projetos de sistemas internos e 15% para sistemas externos. Não é controlada pelo gerente de projeto e seu uso exige autorização.

Um bom gerente de projeto sabe elaborar um plano de riscos e pode contar com a equipe para auxiliá-lo a identificar e tratar os riscos de um projeto de software. Por exemplo, se a equipe irá desenvolver um software utilizando uma plataforma nova, existe o risco da inexperiência causar atrasos e isto deve ser contabilizado.

O que quero dizer é que devem constar do orçamento (custo e prazo) as atividades de qualidade e as necessidades de correção decorrentes dessas atividades, mesmo que sejam como parte da reserva gerencial.

Qualidade só custa caro quando você não a inclui no orçamento.

A qualidade impacta o prazo

Certamente! Não há dúvidas. Porém, de acordo com o nosso raciocínio sobre custos, você também deve ter reservas de prazo para os riscos.

Para a maioria das pessoas, um cronograma é:

- Uma lista de datas e produtos a serem entregues.

Isto é um enorme erro e denota falta de conhecimento básico de gestão de projetos. Segundo a Wikipedia (http://pt.wikipedia.org/wiki/Cronograma), um cronograma é:

"O cronograma é um instrumento de planejamento e controle semelhante a um diagrama, em que são definidas e detalhadas minuciosamente as atividades a serem executadas durante um período estimado."

Um cronograma é o planejamento das atividades a serem desenvolvidas para que um projeto se realize. A criação do cronograma é feita na área "Gerenciamento de tempo" da metodologia do PMI. Segundo a Wikipedia (http://pt.wikipedia.org/wiki/Gerenciamento_de_tempo_do_projeto), fazem parte dessa área as atividades:

- Definições das atividades: identificação das atividades específicas do cronograma que necessitam ser executadas para produzir os diversos tangíveis do projeto;

- Sequência das atividades: identificação e documentação das dependências entre as atividades do cronograma;

- Estimativa de recursos da atividade: estimativa do tipo e das quantidades dos recursos requeridos para executar cada atividade do cronograma;

- Estimativa de duração da atividade: estimativa do período que será necessário para conclusão individual de cada atividade do cronograma;

- Desenvolvimento do cronograma: análise das sequências das atividades, suas dependências, durações e recursos requeridos para criar o cronograma;

- Controle do cronograma: controle das alterações efetuadas no cronograma.

Antes de elaborar um cronograma, temos que saber quais são as atividades necessárias, quais são os recursos necessários e qual a estimativa de tempo para concluir cada uma delas. Depois disto, temos que conciliar o fluxo de execução das atividades com a disponibilidade dos recursos. Só assim poderemos saber as datas de entrega dos produtos de um projeto.

A maior parte das alegações "Qualidade demora muito" e "O cliente não quer esperar" é devida ao mau planejamento e ao mau gerenciamento de tempo do projeto.

Normalmente, os projetos são vendidos sem serem medidos e estimados, logo, vem a pressão do cliente para os resultados. Nenhum gerente de projetos, digno do cargo, aceita um projeto com cronograma pré-fixado, pois sabe que não conseguirá cumpri-lo.

E mais uma vez, as atividades de qualidade devem ser incluídas no cronograma, assim como as reservas para correções.

Gerenciamento feito "nas coxas", software feito "nas coxas"!

Fazer "nas coxas" é fazer de qualquer jeito, sem método nem qualidade. Este termo vem da época da escravidão no Brasil. Os senhores colocavam os escravos para fazerem as telhas de barro a serem utilizadas nas casas. Os escravos moldavam as telhas em suas próprias coxas. Como alguns tinham as coxas mais grossas que outros, as telhas saíam com curvaturas diferentes.

18 | **Qualidade de Software na Prática**

Se o projeto estiver mal gerenciado e cheio de vícios, o investimento em qualidade certamente será muito maior do que o necessário. Porém, mesmo assim, podemos e devemos investir e tentar reverter estas situações. É melhor dar notícias ruins ao cliente do que entregar um software ruim.

Análise estática e dinâmica

Ainda segundo a Wikipedia, existem dois tipos principais de análise de código: a estática e a dinâmica. Eis as definições:

Análise estática:

É a análise de software de computador que é realizada sem realmente executar os programas construídos a partir desse software (a análise realizada sobre os programas de execução é conhecida como análise dinâmica). Na maioria dos casos, a análise é feita em alguma versão do código-fonte e em outros casos, em alguma forma de código-objeto (bytecode etc.). O termo é geralmente aplicado à análise realizada por uma ferramenta automatizada, com a análise do ser humano chamada de revisão do código.

(Traduzido de: http://en.wikipedia.org/wiki/Static_program_analysis)

Análise dinâmica:

É a análise de software de computador realizada pela execução de programas construídos a partir desse sistema de software em um processador real ou virtual. Para a análise dinâmica ser eficaz, o programa-alvo deve ser executado com entradas de teste suficientes para produzir o comportamento interessante. A utilização de técnicas de teste do software, tais como, a cobertura do código, ajuda a garantir que uma fatia adequada do conjunto do programa de comportamentos possíveis seja observada. Além disso, deve ser tomado cuidado para minimizar o efeito que a instrumentação tem sobre a execução (incluindo as propriedades temporais) do programa de destino.

(Traduzido de: http://en.wikipedia.org/wiki/Dynamic_program_analysis)

A diferença entre ambas é o foco, pois na estática, estamos observando a estrutura do código e na dinâmica, o seu comportamento. Ambas são complementares e devem ser executadas juntas, para maior segurança sobre a qualidade do código.

Já observei situações nas quais não era possível executar um teste do sistema sem que diversas pessoas fossem mobilizadas para isto. Só esta dificuldade já é um indicador de problemas, pois o teste deve fazer parte dos produtos de trabalho (o cliente pagou por eles) e deve poder ser executado sem maiores problemas. Usar somente a visão estática pode gerar resultados incompatíveis com os níveis de tolerância do projeto, por exemplo, podemos dar maior peso a itens, tais como, estilo e regras de codificação, atropelando a cobertura dos testes (que não foi analisada).

Métricas e critérios

Métricas são valores que um código apresenta para determinada propriedade, retirada de um conjunto de indicadores de qualidade do software. As propriedades em si são, muitas vezes, chamadas de "métricas" na literatura.

Em meu livro "O Guia de Campo do Bom Programador", eu apresento e analiso vários indicadores de qualidade, baseados na norma ISO/IEC 9126, que representam um bom ponto de partida para classificar a qualidade de um software. Entre os itens mais comumente utilizados, eu destaco:

- Desempenho: como é o comportamento do sistema com relação ao tempo;

- Segurança: se o sistema possui mecanismos de segurança da informação adequados ao seu uso;

- Manutenção: é um agrupador de critérios, indicando o nível de facilidade de manutenção do software, que inclui complexidade, modelagem, código autodocumentado, entre outros fatores;

- Cobertura: se existem evidências de que o software foi adequadamente testado;

- Normas e padrões: se o software está adequado às normas e padrões preestabelecidos.

É claro que os indicadores devem ser escolhidos e priorizados de acordo com as necessidades do cliente e do projeto, porém, existe um conjunto mínimo que é invariante.

Já os critérios são a base que vamos utilizar para classificar o sistema. No relatório da análise, é esperado que indiquemos qual é a classificação do software, se está bom ou se precisa passar por uma refatoração (http://pt.wikipedia.org/wiki/Refatora%C3%A7%C3%A3o). Não custa repetir que os critérios podem variar de uma empresa para outra ou mesmo de um projeto para outro, porém, isto deve ficar claro ANTES do sistema começar a ser desenvolvido.

20 | **Qualidade de Software na Prática**

O que fica de fora

Eu notei um hábito ruim em empresas que costumam fazer a análise do código. Muitos desenvolvedores e líderes de projeto "relaxam", acreditando que a análise do código apontará todos os possíveis problemas do seu software. **Não é verdade!**

• A análise do código não substitui os testes funcionais ou testes do sistema (carga e "stress");

• A análise do código não substitui a validação e a verificação (http:// en.wikipedia.org/wiki/Verification_and_validation). Devemos sempre lembrar que o crítico do código (aquele que realizará a análise do código) não participou necessariamente do projeto e, preferencialmente, não conhece os requisitos do software. Isto é trabalho para a "revisão por pares" ou outro método de verificação de qualidade mais associado ao projeto em si.

O objetivo da análise do código é verificar a qualidade independentemente do propósito. Em outras palavras, pouco importa se o sistema está ou não de acordo com os requisitos, ou mesmo se estes foram adequadamente levantados. Isto é tarefa do VV&T: validação, verificação e testes funcionais.

Testes funcionais

São testes que verificam se o software está de acordo com os requisitos. Pressman ("ENGENHARIA DE SOFTWARE". 6ª ed. MCGRAW HILL/NACIONAL), costuma chamá-los de "testes de validação".

Esses testes, geralmente executados de forma manual, são acompanhados de um roteiro de casos de teste bem específico, com entradas selecionadas pelo cliente e análise de resultados. Também são realizados testes de valores limite, entradas inválidas etc.

São testes do tipo "pente fino", cujo objetivo é saber se o software está de acordo com os requisitos e se está protegido contra entradas inválidas. Apesar de poderem ser automatizados (com ferramentas de "filmagem"), é mais comum que sejam feitos de maneira manual. Mesmo com todo o ferramental disponível (JUnit, Maven – SureFire e FailSafe, e JMeter), ainda é muito difícil dispensar os testes manuais como meio de validação e verificação.

Testes do sistema

Os testes do sistema verificam as características sistêmicas integradas (software + hardware) do projeto. São avaliadas questões, tais como, recuperação, segurança, desempenho (carga) e estresse (situações anormais).

A análise do código é um raio X

É exatamente isso: um raio X do software em questão. Prosseguindo com a comparação médica, é correto dizer que as atividades VV&T e de teste do sistema são consultas médicas com outros especialistas (ou outros tipos de exames). Um software pode ir muito bem em sua análise de código e apresentar problemas de implementação de requisitos, ou mesmo apresentar problemas com o teste de carga.

Apesar da análise do código poder mostrar possíveis problemas de desempenho, ela não executa os testes de carga e "stress", e tampouco leva em consideração os requisitos não funcionais do projeto. Não é este o objetivo!

Para que seja considerado completo, um sistema deve passar por:

1. Verificação, validação e testes funcionais;

2. Testes do sistema;

3. Análise do código;

4. Testes de aceitação (ou homologação).

Sendo os últimos com o cliente (ou usuários).

A análise do código pode dizer-nos muita coisa sobre a qualidade de um software, mas não sobre sua adequação aos requisitos, embora possa dizer-nos se passou nos testes e qual é a sua cobertura (percentual do código efetivamente testado). Mas não pode dizer-nos se o software está em conformidade com os requisitos e se apresenta o desempenho esperado.

Mas tem muita gente que confunde tudo e coloca a mesma pessoa (ou o mesmo grupo) para realizar todos os exames no código. Tal prática é altamente ineficaz e pode levar a conclusões erradas.

Análise do código evolutiva

É a analise proativa, cujos resultados ficam armazenados e permitem traçar a evolução do código-fonte.

Existem várias ferramentas que criam "dashboards", ou quadros informativos, sobre o estado de um software, como, por exemplo, o Sonar (http://www.sonarsource.org). Podemos executar repetidamente a análise, durante um ou mais "builds" periódicos e traçar gráficos comparativos da evolução dos indicadores, o que nos permite tomar decisões proativas sobre um projeto de software ainda em andamento.

Por exemplo, se notamos a complexidade do código aumentando muito, acompanhada pela quantidade de linhas de código, pode ser um indicativo de pressa excessiva dos desenvolvedores, que estão ignorando as boas práticas para produzir o código mais rapidamente. Normalmente, nesta situação, vemos que a cobertura dos testes está abaixo da ideal. Se isto for notado em tempo hábil, alguma medida poderá ser tomada pelo gerente de projeto para corrigir a situação:

- Realinhar as expectativas do cliente com as estimativas do projeto;
- Analisar a folgas no cronograma ou usar reservas para ampliar o prazo;
- Reduzir o escopo da interação ou particionar melhor as interações do projeto;
- Alocar mais recursos.

O que acontece, geralmente, é que ninguém faz uma análise proativa qualitativa. Os gerentes de projeto não se envolvem com a construção do código e os programadores não se preocupam com os indicadores. Tudo "explode" no momento do teste de aceitação.

Capítulo 3
Boas Práticas

Em meu livro anterior "Guia de Campo do Bom Programador" (http://www.brasport.com.br/informatica-e-tecnologia/programacao-br-2-3-4-5-6/guia-de-campo-do-bom-programador.html), editado pela Brasport, eu mencionei muitas boas práticas, incluindo exemplos.

Neste trabalho, irei mencionar as melhores práticas para a criação de software com qualidade, de modo a relacionar os problemas encontrados durante a análise do código. Em outras palavras, como podemos evitar o aumento de nossa dívida técnica.

Evitar introduzir "bugs" no código-fonte

Não custa nada lembrar do que o professor **Dijkstra** (http://pt.wikipedia.org/wiki/Edsger_Dijkstra) disse:

> *"Se quisermos programadores mais eficazes, descobriremos que eles não deveriam gastar tanto tempo depurando o código. Deveriam evitar introduzir bugs, para começar."*

(Adaptado de "The Humble Programmer": http://www.cs.utexas.edu/~EWD/transcriptions/EWD03xx/EWD340.html)

Por que introduzimos bugs no código?

Ninguém quer isto. Não acredito que um programador, em sã consciência, introduza "bugs" propositadamente em seu código-fonte. Vamos pensar em "bugs" como desvios do comportamento esperado.

Eu não encontrei estatísticas confiáveis sobre a introdução de "bugs", então, resolvi pesquisar com colegas, alunos e ex-alunos, além de recorrer aos meus registros

Qualidade de Software na Prática

pessoais. De maneira informal, concluí que a maioria dos "bugs" relevantes é introduzida nesta proporção:

- Na codificação original do software: 20%;
- Nas manutenções evolutivas: 30%;
- Nas manutenções corretivas: 50%.

A maioria das pessoas com quem conversei (inclusive eu mesmo) acredita que a maioria dos "bugs" relevantes foi em manutenções corretivas, que visam consertar alguma falha ou desvio do software. E por que isso acontece? Não é difícil perceber o motivo.

Nas manutenções, evolutivas ou corretivas, estamos lidando com um código-fonte que já foi concluído e, geralmente, por pessoas diferentes ou com grande diferença de tempo. Aquilo que foi escrito já "esfriou" e as pessoas acabam introduzindo "bugs" no momento da alteração do código-fonte.

Os principais fatores de introdução de novos "bugs" (ou reativação de velhos "bugs") são:

1. Baixa manutenibilidade do código-fonte. Ele está complexo demais ou mal escrito;

2. Baixa cobertura de testes. O código-fonte não está suficientemente testado ou faltam testes de regressão;

3. Brittleness: dificuldade de manutenção do software antigo, mal estruturado e com excessiva "propagação" de alterações.

Vamos analisar estes fatores com calma.

Baixa manutenibilidade

Um código-fonte de baixa manutenibilidade é aquele difícil de ser alterado ou mesmo testado. Isto pode ser devido à complexidade de codificação, que pode ser medida com a "complexidade ciclomática", que mede a quantidade de caminhos existentes em um trecho de código.

Ou, simplesmente, pode ser que o código-fonte esteja mal escrito. Quer ver um exemplo básico? Considere a seguinte expressão em um programa:

```
int x = (c > 12) ? ((b-c) < 7) ? z ? 110 : b * 5 : 5 : 0;
```

E se você tivesse que alterar essa expressão? Não seria melhor que o código estivesse escrito assim?

```
if (c > 12) {
   if ((b-c) < 7) {
      if (z) {
         x = 110;
      }
      else {
         x = b * 5;
      }
   }
   else {
      x = 5;
   }
}
else {
   x = 0;
}
```

Melhorou, não? E se estivesse desta forma?

```
if (prazoFinanciamento > 12) {
   int carenciaJuros = prazoFinanciamento - carenciaCliente;
   if (carenciaJuros < 7) {
      if (altoRisco) {
         percentual = 110;
      }
      else {
         percentual = prazoFinanciamento * 5;
      }
   }
   else {
      percentual = 5;
   }
}
else {
   percentual = 0;
}
```

Além de estruturar melhor o código, demos nomes melhores às variáveis e introduzimos uma variável explicativa. Agora, ficou bem mais fácil alterar o código, com menor risco de problemas. A expressão original tinha baixa manutenibilidade e o código final tem mais alta manutenibilidade. Ainda dá para melhorar mais, quer ver?

```
if (prazoFinanciamento > MAX_PRAZO) {
    int carenciaJuros = prazoFinanciamento - carenciaCliente;
    if (carenciaJuros < MIN_CARENCIA) {
        if (altoRisco) {
            percentual = ALTO_RISCO;
        }
        else {
            percentual = prazoFinanciamento * FATOR_
BAIXO_RISCO;
        }
    }
    else {
        percentual = NORMAL;
    }
}
else {
    percentual = SEM_PERCENTUAL_RISCO;
}
```

Substituímos os "números mágicos" por constantes, que podem perfeitamente ser carregadas a partir de arquivos de configuração ou de banco de dados. Isto melhora mais ainda o código, aumentando sua manutenção e diminuindo as razões para a alteração. Por exemplo, se for necessário alterar o valor do percentual ALTO_RISCO, basta alterar o arquivo de configuração, sem necessidade de alterar o código-fonte.

Baixa cobertura dos testes

Podemos definir cobertura de testes como a quantidade de código-fonte que foi efetivamente executada durante os nossos testes. Quanto maior a cobertura, mais testado o sistema foi. Isto significa que já descobrimos a maioria dos problemas no código coberto por testes, logo, podemos assegurar que estamos com um código correto e aderente aos requisitos.

Quando falamos em testes, as pessoas logo pensam em testes funcionais ou de aceitação. Porém, os testes mais importantes são os de "caixa branca", ou seja, aqueles que levam em consideração a estrutura interna do código-fonte. E estes podem ser unitários ou de integração.

Os testes de caixa branca são quase sempre negligenciados pelos gerentes de projeto. São encarados como "coisa de desenvolvedor" e, muitas vezes, o seu tempo de desenvolvimento é ignorado no cronograma.

Como você prova ao cliente que o software foi testado?

Algumas pessoas defendem ideias simplistas, como, por exemplo, colar o resultado do teste em um documento e anexar ao projeto. Para mim, a única prova de que o software foi testado é executar o teste novamente e para que seja possível, o código-fonte dos scripts de teste deve ser entregue ao cliente.

E os testes de regressão? Quase ninguém se preocupa em executar os testes passados para saber se uma nova alteração introduziu um bug no sistema.

Brittleness

É uma "síndrome" que acomete os sistemas antigos quando submetidos a manutenções, por menores que sejam.

Conforme o software vai ficando "velho", torna-se cada vez difícil e arriscado efetuar manutenções, pois você "mexe" em um pequeno pedaço e provoca erros em várias partes do código-fonte.

O que é um software "velho"?

Existem alguns "fatores de envelhecimento" do software:

• **Plataforma desatualizada**: acontece quando a plataforma (ou a linguagem) do software cai em desuso e o custo de mantê-la no ar significa fazer um verdadeiro "malabarismo" tecnológico. Qualquer manutenção em um sistema destes é de altíssimo risco;

• **Interface antiga:** o software utiliza uma interface (API ou protocolo) antiga, exigindo versões específicas de componentes ou a manutenção de interfaces ruins. Mesmo que a plataforma esteja atualizada, qualquer manutenção pode implicar em diversos problemas;

• **Muito "mexido"**: o software foi construído sem a aplicação de boas práticas, ou estas deixaram de serem aplicadas durante as manutenções pelas quais ele passou. Podem ter sido introduzidos componentes de alto acoplamento ou código mal escrito, aumentando o risco de manutenções.

Qualidade de Software na Prática

Para muitos casos, alguns bons refactorings pontuais podem melhorar muito a manutenção do código, porém, em certos casos, somente uma reengenharia ou mesmo um sistema totalmente novo pode dar resultado.

E como evitamos introduzir bugs?

Sendo profissionais. Simples assim. Trabalhando de forma profissional, sendo honestos e transparentes, conseguimos evitar introduzir bugs ou "armadilhas" (coisas que causarão bugs futuros) em nosso software.

O SWEBOK (http://www.computer.org/portal/web/swebok/htmlformat) deveria ser uma leitura obrigatória e constante para todos que trabalham com o desenvolvimento de software - do analista de requisitos até o gerente de projeto. Outras boas medidas seriam:

• Adotar padrões de codificação, arquitetura e projeto;

• Buscar soluções de mercado, evitando "quebra-galhos" e soluções amadoras;

• Capacitar seus desenvolvedores nas boas práticas de engenharia de software;

• Gerenciar o tempo dos projetos e mudanças, fazendo estimativas reais e evitando "apressar" os programadores;

• Promover revisões técnicas a cada código criado ou modificado. Incentivar a refatoração do código.

Princípios do projeto orientado a objetos

Existem alguns princípios básicos que devem nortear todo projeto moderno (leia-se "orientado a objetos") e eles podem ser encontrados em vários bons livros de Engenharia de Software, mas um bom resumo pode ser consultado em:

http://c2.com/cgi/wiki?PrinciplesOfObjectOrientedDesign

Existem três princípios fundamentais que jamais podem deixar de ser aplicados aos projetos de software com qualidade:

• Princípio da Responsabilidade Única (Single Responsibility Principle): uma classe deve ter uma e somente uma responsabilidade;

• Princípio da Inversão de Dependências (Dependency Inversion Principle): todas as dependências de uma classe, independentemente de seu nível, devem ser baseadas em abstrações, não em classes concretas;

• Princípio da Segregação de Interfaces(Interface Segregation Principle): a dependência de uma classe em outra deve ser baseada na menor interface possível.

É claro que existem mais princípios e todos são muito importantes, porém estes três são fundamentais e normalmente são negligenciados pela maioria dos desenvolvedores.

Princípio da Responsabilidade Única

O que significa? No site original é definido como:

• Cada responsabilidade deve ficar em uma classe separada porque cada responsabilidade é um eixo de alterações;

• Uma classe deve ter uma e somente uma razão para ser alterada;

• Se uma alteração em uma regra de negócio causa a alteração em uma classe, então, uma alteração no esquema do banco de dados, na interface do usuário, no formato do relatório ou qualquer outra parte do sistema não deve forçar uma alteração na referida classe.

Vamos considerar uma classe de exemplo:

```
class ContaCorrente {
    ...
    double saldo;
    String nomeCliente;
    Emprestimo [] emprestimos;
    ...
}
```

Esta classe contém dados da conta corrente, do cliente e de seus empréstimos. É claro que ela está assumindo mais de uma responsabilidade,e é um ponto fraco do sistema.

30 | **Qualidade de Software na Prática**

Outro exemplo:

```
public class Processador extends JFrame implements
ActionListener, Printable {...}
```

Esta classe é uma janela e implementa outras duas interfaces, logo, tem pelo menos três responsabilidades diferentes. Caso o formato da tela, o formato do relatório ou a ação associada aos eventos seja alterada, a classe deverá sofrer essas alterações.

Além disto, classes com múltiplas responsabilidades são mais difíceis de manter e testar.

Princípio da Inversão de Dependências

Em um sistema complexo, temos classes de mais alto nível e classes de mais baixo nível. Por nível, entendemos o nível de serviço que a classe oferece, pois temos serviços mais gerais e mais específicos. Uma classe de mais alto nível está, por definição, mais afastada dos detalhes de implementação de suas regras. Por exemplo, uma classe que representa um cliente não precisa preocupar-se com as tarefas de persistência de seu conteúdo, delegando-as para as classes de menor nível.

Na modelagem orientada a objetos, temos dois tipos de entidades: classes concretas e abstrações, que podem ser interfaces ou classes abstratas.

O princípio da inversão de dependências diz que os módulos de mais alto nível não deveriam depender dos módulos de mais baixo nível. Ambos deveriam depender das abstrações.

Por que isto é um problema? Imagine uma classe que atualiza um banco de dados de vendas, com base nos pedidos que são gravados em disco. Ela utiliza as classes e as interfaces do pacote java.io (como BufferedReader ou DataInputStream) para ler os dados do pedido e atualizar o banco de dados. Então, veio uma novidade: os pedidos agora são enviados em XML, logo, ela precisa utilizar algum tipo de parser para obter os dados, o que implicará em grandes alterações no seu código, denotando baixa flexibilidade e manutenibilidade do sistema.

Ao invés disto, ela poderia depender de uma abstração, por exemplo:

```
interface lerPedidos {
    public List<Pedido> obterNovosPedidos();
}
```

E haveria uma classe concreta que implementaria essa interface, lendo os dados de arquivos simples. Fica muito mais fácil adaptar o sistema para ler os pedidos em XML ou mesmo a partir de uma tabela em um banco de dados.

Princípio da Segregação de Interfaces

Este princípio diz que a dependência de uma classe deve ser baseada na menor interface possível.

Vamos pensar em duas classes:

• Cliente: que solicita o serviço;
• Prestadora: que presta o serviço.

A classe "Cliente" de um serviço deve conhecer apenas o estritamente necessário para obter o serviço que necessita e a classe "Prestadora" deve implementar apenas os métodos suficientes para atender aos clientes.

Quando temos uma interface grande, com métodos que não são utilizados por todos os clientes, temos o que se chama de "interface poluída". Isto gera problemas na manutenção e no desenvolvimento do sistema.

Um "Cliente" precisa depender de uma interface grande, da qual não utilizará todos os métodos. No caso de alteração da interface, mesmo em um método que não seja utilizado pelo cliente, isto implicará em sua recompilação.

Um "Prestador" precisa implementar os métodos que não pretende atender, gerando classes concretas com métodos vazios.

Vejamos um exemplo bem simples. Imagine uma interface geral para os funcionários em nossa empresa:

```java
public interface Funcionario {
    public  int        getMatricula();
    public  String     getNome();
    public  String     getEndereco();
    public  List<Funcionario> getSubordinados();
}
```

32 | **Qualidade de Software na Prática**

Agora, imagine uma classe que implementa essa interface e representa um funcionário comum:

```java
public class FuncionarioComum implements Funcionario {
    private int matricula;
    private String nome;
    private String endereco;
    @Override
    public int getMatricula() {
        return this.matricula;
    }

    @Override
    public String getNome() {
        return this.nome;
    }

    @Override
    public String getEndereco() {
        return this.endereco;
    }

    @Override
    public List<Funcionario> getSubordinados() {
        return null;
    }
}
```

Os funcionários comuns, ao contrário dos gerentes, não possuem subordinados. Porém, a classe é obrigada a implementar o método, mesmo retornando nulo. Isto é prova que a interface está poluída e deveria ser fatorada. Podemos separar os dois comportamentos (ou características)- Funcionário e Gerente - em interfaces separadas:

```java
public interface Funcionario {
    public   int         getMatricula();
    public   String      getNome();
    public   String           getEndereco();
}
...
public interface Gerente {
    public List<Funcionario> getSubordinados();
}
```

Se uma classe representa um funcionário comum, então, só precisa implementar a interface "Funcionário". Se uma classe representa um funcionário que é gerente, precisa implementar as duas. E podemos saber se um funcionário é gerente de maneira simples:

```java
public static void main(String[] args) {
    Funcionario f = new FuncionarioGerente();
    Funcionario f2 = new FuncionarioComum();
    testarFuncionario(f);
    testarFuncionario(f2);
}

public static void testarFuncionario(Funcionario f) {
    if (f instanceof Gerente) {
        System.out.println("Gerente");
    }
    else {
        System.out.println("Comum");
    }
}
```

Cada "comportamento" ou "característica" especial deve ter uma interface separada.

Instabilidade e abstrações

O conceito de instabilidade indica o quão suscetível a modificações um pacote de classes está. Está relacionado com a razão entre as dependências eferentes (classes de outros pacotes que um pacote "conhece") e aferentes (classes deste pacote conhecidas por outros pacotes).

A instabilidade de um pacote pode ser calculada pela fórmula: $I = Ce / (Ce + Ca)$, onde:

• "I" = Instabilidade: um valor entre 0 e 1, significando completamente estável (zero) e completamente instável (um);

• "Ce" = Acoplamentos eferentes, de quantas classes externas (declaradas em outros pacotes), determinado pacote depende;

• "Ca" = Acoplamentos aferentes ou quantas classes externas dependem das classes de determinado pacote.

34 | Qualidade de Software na Prática

Como já vimos anteriormente, o **DIP** requer que criemos abstrações. E estas devem ser o meio preferencial de comunicação de dados entre os pacotes. O princípio **SDP**(Stable Dependencies Principle ou Princípio das Dependências Estáveis): http://c2.com/cgi/wiki?StableDependenciesPrinciple) diz que um pacote deve depender de pacotes mais estáveis que ele.

Isto faz sentido, pois, se um pacote depende de pacotes tão instáveis (ou mais) quanto ele, será mais suscetível a modificações.

A direção das dependências deve ser no sentido de maior estabilidade.

Finalmente, há outro princípio muito importante: SAP (Stable Abstractions Principle ou Princípio das Abstrações Estáveis) http://www.objectmentor.com/resources/articles/Principles_and_Patterns.pdf). Esse princípio estabelece que os pacotes mais estáveis devem ser abstratos. Quanto mais abstrações tiver um pacote, menor sua instabilidade.

Os pacotes com mais quantidade de ramos aferentes devem ser mais abstratos, pois serão mais fáceis de estender, aumentando a flexibilidade do sistema.

Fatoração de comportamentos

Não é bem um princípio de projeto, mas uma conclusão ou uma orientação que devemos seguir sempre que estivermos modelando um sistema OO.

Para cada comportamento, deve haver uma abstração, facilitando a adoção do princípio de inversão de dependências (DIP).

Cada comportamento individual esperado deve ter sua própria interface, criada antes que as futuras classes concretas estejam sendo codificadas. E além de definir a interface, temos que definir os parâmetros, valores de retorno e exceções que os métodos de cada interface podem esperar ou retornar.

Em resumo, um comportamento é:

• Uma finalidade, uma função esperada;

• Uma interface, ou um conjunto de métodos;

• Os parâmetros esperados por cada método;

• O valor de retorno de cada método, em cada situação;

• As exceções e as assertivas levantadas por cada método, em cada situação.

O processo de fatorar comportamentos é muito parecido com um diagrama de fluxo de dados ou mesmo uma EAP (Estrutura Analítica do Projeto), ou seja, começamos pelo maior nível de abstração e vamos fatorando os comportamentos até chegarmos no nível mais baixo, de onde serão derivadas as futuras interfaces.

Vamos pensar em um exemplo simples: Listar todos os pedidos de um cliente, com sua atual situação.

O que significa isso? Podemos tentar decompor isso como uma EAP focada nos produtos?

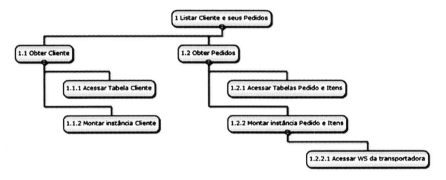

Listando de forma hierárquica:

1   Listar cliente e seus pedidos;

1.1   Obter cliente;

1.1.1   Acessar a tabela cliente;

1.1.2   Montar a instância Cliente;

1.2   Obter pedidos;

1.2.1   Acessar as tabelas Pedido e Itens;

1.2.2   Montar a instância Pedido e Itens;

1.2.2.1   Acessar o WS da transportadora.

Vamos pensar um pouco... É claro que todos estes comportamentos poderiam estar inclusos em uma única classe, talvez em um único método, que receberia como entrada o código do cliente desejado. Isto seria errado? Sim. Isto geraria uma classe

36 | **Qualidade de Software na Prática**

"gorda", que inclui mais dependências do que o esperado e com mais de um comportamento. Mas, quais seriam os problemas?

1. Se o formato da listagem mudar, a classe mudará;

2. Se houver alguma mudança no layout ou no armazenamento das tabelas envolvidas, a classe mudará ("Cliente", "Pedido" e "Item");

3. Se houver mudança no Web Service da transportadora (necessário, caso algum pedido ainda esteja em trânsito), a classe mudará.

Temos três razões diferentes que podem provocar mudanças no código-fonte da classe, logo, ela violaria o princípio da responsabilidade única. Porém, não fica só nisso... A classe, certamente, apresentaria uma coesão (http://pt.wikipedia.org/wiki/Coes%C3%A3o) pior do que a funcional e neste caso, seria a coesão procedural.

Os módulos de baixa coesão (menor que funcional) apresentam os seguintes problemas:

• Dificuldade maior na compreensão dos módulos;

• Dificuldade maior de manutenção;

• Dificuldade de reuso.

Uma maneira melhor seria separar este comportamento em várias classes, por exemplo:

• "Listar cliente e seus pedidos": uma classe do tipo "Business Delegate" (padrões J2EE: "http://www.corej2eepatterns.com/"), que validaria a entrada e buscaria o serviço de outras classes para formar sua resposta;

• "Obter cliente": pode ser uma classe de Modelo de Domínio (Fowler: "http://martinfowler.com/eaaCatalog/domainModel.html") ou poderia ser uma classe de entidade (modelo anêmico: "http://en.wikipedia.org/wiki/Anemic_domain_model"), com uma classe DAO (Data Access Object) para prover o acesso ao banco;

• "Obter pedidos": da mesma forma que "Obtercliente", poderia ser uma classe de Modelo de Domínio ou um conjunto Entidade-DAO;

• "Acessar o WS da transportadora": poderia ser provida por uma classe "Service Locator" e uma "Transfer Object Assembler", que montaria o resultado necessário para compor o pedido do cliente.

Temos quatro ou mais classes (dependendo das escolhas arquiteturais) que trabalham em conjunto para fornecer o comportamento desejado. Porém, note que várias delas podem ser reutilizadas em outros comportamentos, logo, estamos promovendo o reuso.

Como fatorar o comportamento?

Pegue cada comportamento que você precisa implementar e verifique se existem partes que poderiam ser utilizadas por outros comportamentos. Se existirem, então, você deverá separá-las em suas próprias classes.

Outra medida interessante é verificar a assinatura da classe, ou seja, de quem ela é derivada e quais interfaces implementa. Geralmente, mais de uma interface denota mais de uma responsabilidade e talvez isto possa ser evitado.

Podemos fatorar classes e métodos

Geralmente, quando falamos em comportamento, pensamos em classes. Porém, mesmo que uma classe esteja bem fatorada, pode ser que seus métodos necessitem de fatoração.

Uma boa dica é ler o livro "Refatoração – Aperfeiçoando o Projeto de Código Existente", de Martin Fowler (http://www.refactoring.com/catalog/), lançado pela editora Bookman, em 2004.

Um exemplo clássico de como a refatoração pode ajudar a criar comportamentos mais coesos é:

• "Replace Conditional with Polymorphism" – Sempre que encontrarmos um "switch" baseado em um parâmetro, significa um "acoplamento de controle" (http://en.wikipedia.org/wiki/Coupling_(computer_science)) e devemos separar o comportamento em classes derivadas de uma hierarquia.

Quando devemos parar de fatorar os comportamentos?

Não existe o conceito de "fatorar demais". Um modelo bem fatorado é aquele em que:

• As classes apresentam uma coesão funcional;

• A dependência entre as classes é de baixo acoplamento;

• Cada classe tem uma e somente uma responsabilidade;

• Os comportamentos de mais baixo nível são reaproveitados em várias classes.

Documentando cada comportamento

Irei repetir o que eu escrevi sobre o que é um comportamento:

• Uma finalidade, uma função esperada;

• Uma interface ou um conjunto de métodos;

• Os parâmetros esperados por cada método;

• O valor de retorno de cada método, em cada situação;

• As exceções e as assertivas levantadas por cada método, em cada situação.

Agora, você terá que escrever o conjunto de métodos, com seus valores de retorno e parâmetros, que cada comportamento necessita. E criará uma "interface" para isto, que pode (e deve) ser documentada com JavaDoc.

A documentação deve incluir quaisquer exceções e assertivas que possam ser levantadas pelas classes que implementam a interface. Você deve validar seus parâmetros e lançar exceções sempre que violarem a interface. O valor de retorno de cada método deve estar definido da mesma forma.

Refatoração

Eu não poderia deixar de incluir um tópico sobre minha técnica preferida de melhoria do código. Martin Fowler ("http://martinfowler.com/") escreveu o livro "Refatoração – Aperfeiçoando o Projeto de Código Existente", lançado pela editora Bookman, em 2004.

Este livro rapidamente se tornou a "bíblia" dos bons desenvolvedores, sendo adotado em vários cursos de graduação e pós-graduação.

Se você não leu este livro, pelo menos deve acessar o catálogo de refatorings: "http://www.refactoring.com/catalog/".

O que é refatorar?

Refatorar é melhorar o código-fonte existente, aumentando sua compreensão pelas pessoas e, consequentemente, sua manutenção, sem alterar o seu comportamento externo. Martin Fowler listou e catalogou uma série de transformações que podem ser aplicadas ao código-fonte, sem alterar seu comportamento.

Quando eu converso sobre refatoração, muitas pessoas imaginam que se trata de uma "reengenharia" ou algo radical a ser feito em um projeto. Nada disso! Refatoração é algo para ser feito no dia a dia pelos desenvolvedores. É normal escrevermos código, testarmos e finalizarmos, porém, o que deixamos de fazer é verificar se aquele código poderia ser melhorado. Isto sim é refatoração.

Existem técnicas modernas como a TDD (Test-Driven Development), que pregam que após nosso código passar nos testes, ele deveria ser avaliado e refatorado para ser testado novamente.

Resultados e benefícios

Infelizmente, a refatoração não é vista como uma solução para a maioria dos gestores de projetos e recursos. Porém, é uma técnica que sempre obtém um código-fonte melhor, mais fácil de manter e de testar.

Vamos ver um exemplo? Vamos imaginar uma classe que representa um empréstimo a ser contraído por um cliente. Vamos imaginar que essa classe tenha um método como o seguinte:

```
public class Emprestimo {
    private Cliente cliente;
    private int tipo;
    private float taxa;
    private float prazo;
    private float montante;

    public void CalcularTaxa() {
        switch(tipo) {
        case 1:
            // SIMPLES PRE-FIXADO
            //** comandos para calcular taxa pré-fixada
            break;
        case 2:
            // SIMPLES VARIACAO CAMBIAL
            //** comandos para calcular taxa de variação cambial
            break;
        case 3:
            // CDC
            //** comandos para calcular taxa CDC
            break;
```

```
case 4:
    // Leasing
    //** comandos para calcular taxa de Leasing

    break;
    }
  }
}
```

Os comandos específicos de cada "case" não interessam agora.

O que você acha do método "CalcularTaxa()"? Para começar, ele está sujeito a alterações sempre que algum procedimento de cálculo mudar, em qualquer tipo de empréstimo. Podem até ser criadas novas modalidades de financiamento, exigindo manutenção no mesmo método da mesma classe.

Algumas pessoas pensam que isto é "legal", pois todo o cálculo de taxa está no mesmo lugar... Mas é ruim porque é uma implementação de baixa coesão e alto acoplamento. O que seria melhor então? Vamos começar bem devagar...

"Replace Conditional With Polymorphism" (Substituir condicional por polimorfismo)

Esta refatoração diz que, caso você tenha um comando condicional que escolhe diferentes comportamentos, dependendo do tipo do objeto, você deveria mover cada situação do condicional para sua própria subclasse, tornando o método original abstrato.

Neste caso, vamos criar classes derivadas de Empréstimo para cada tipo de empréstimo, sobrescrevendo o método "CalcularTaxa()" de acordo com o tipo de empréstimo representado pela classe derivada, por exemplo, para empréstimos do tipo 1:

```
public class EmprestimoPreFixado extends Emprestimo {

    @Override
    public void CalcularTaxa() {
        // Comandos exclusivos para empréstimos pré-fixados
    }

}
```

E nossa classe original (Empréstimo) ficaria assim:

```
public abstract class Emprestimo {
    private Cliente cliente;
    private int tipo;
    private float taxa;
    private float prazo;
    private float montante;

    public abstract void CalcularTaxa();
}
```

Em que isto melhorou o código? Bem, para começar, temos uma classe específica para cada tipo de empréstimo e uma alteração nas regras de um tipo não implicará em alteração das classes de outro tipo.

Também poderemos testar de forma mais simples, afinal, removemos um condicional e simplificamos cada classe de empréstimo específica.

Mas esta classe está correta?

Aplicamos uma refatoração e melhoramos o código. Porém, notamos que talvez a responsabilidade de calcular a taxa esteja recaindo sobre a classe errada. Pode ser que uma solução melhor seria deixar a classe Empréstimo apenas com a responsabilidade de representar um empréstimo, e não de calcular sua taxa, o que poderia ser feito por uma classe "Business Object".

Na verdade, o algoritmo de cálculo da taxa varia conforme o tipo de empréstimo. Poderíamos criar outra solução utilizando os padrões GoF (http://en.wikipedia.org/wiki/Software_design_pattern): "Template Method" ("http://en.wikipedia.org/wiki/Template_method_pattern").

O que importa é que, ao aplicar a refatoração, melhoramos um pouco a manutenção, flexibilidade e testabilidade do software.

Reuso

Existem dois tipos de reuso de software: "Ad Hoc" e reuso funcional. Reuso "Ad Hoc" é quando o desenvolvedor inclui partes de outros programas dentro do código-fonte, criando um novo produto. É também chamado de "Cut-And-Paste Programming". Reuso funcional é quando reutilizamos a funcionalidade do código preexistente dentro de nosso novo código, sem necessidade de acesso ao código-fonte original.

Muitos gestores pensam que qualquer tipo de reuso é bom, o que é uma verdadeira falácia!

Reuso Ad Hoc

A princípio, o reuso "Ad Hoc" é interessante, pois pegamos um pedaço de código e o inserimos em nosso programa, poupando um tempo precioso. Porém, vamos fazer algumas considerações:

1. O código que inserimos está realmente testado?

2. O código que inserimos está em sua última versão, com quaisquer correções efetuadas?

3. Se houver modificação no código que inserimos, seremos avisados?

Muitos desenvolvedores, inclusive eu, praticam o reuso "Ad Hoc" ao copiar um código da Internet ("http://stackoverflow.com/") e todos estão sujeitos a estes mesmos problemas. Porém, se o código for pequeno e pontual, poderemos cercar-nos de cuidados para evitar problemas, o que acontece quando o código "colado" é grande e complexo.

Junkyard Coding

Este termo engraçado significa "Programação de ferro-velho" e é um antipadrão ("http://c2.com/cgi/wiki?JunkyardCoding") que acontece quando "enfiamos" uma aplicação inteira dentro da nossa, apenas para usar parte de sua funcionalidade.

E isto acontece sem copiar e colar, podendo ser apenas na forma de módulo (DLL, JAR etc.).

É o resultado de "políticas de reuso" malfadadas, suportadas por gestores que ignoram conceitos importantes da Engenharia de Software.

Certa vez, eu precisava incluir um browser como um componente Swing (javax.swing) em uma aplicação que estava fazendo. Descobri um componente interessante e gratuito, só que para usá-lo, eu teria que baixar e adicionar diversas bibliotecas estranhas, aumentando o tamanho do meu "executável" e os riscos de utilização.

Devemos sempre ficar atentos a este tipo de "reuso", ou seja, quando os componentes ditos "reusáveis", na verdade, não estão preparados para isto.

Reuso funcional

Reuso funcional bom é aquele que acontece quando conseguimos utilizar a funcionalidade provida pelo componente externo, com poucas consequências negativas. Nós podemos e devemos construir nosso software tendo o reuso em mente, seja para usar seja para disponibilizar uma funcionalidade.

Você pode e deve reusar os componentes e deixar que outras pessoas reusem os componentes que você cria. Quanto maior o reuso em um sistema, menor o risco.

Mas o reuso tem um custo: dependência! Nosso código passa a depender de um componente externo para funcionar, logo, temos um risco a ser mitigado. E quais são os riscos de usar componentes externos?

1. O componente pode falhar;

2. O componente pode ser utilizado em uma versão antiga ou uma versão beta;

3. Precisamos ter certeza de que o componente é legítimo.

Temos que mitigar estes riscos, o que pode ser feito com algumas medidas práticas, como, por exemplo, utilizar um sistema de build automatizado (como o Maven - http://maven.apache.org/) e um repositório de componentes próprio (como o Archiva - http://archiva.apache.org/). Também temos que garantir que as versões dos componentes a serem utilizadas tenham sido testadas e sejam as adequadas.

O melhor é ter um processo de integração contínua ("http://martinfowler.com/articles/continuousIntegration.html") que inclua a gestão de componentes, compilando o sistema dentro de um ambiente controlado e gerenciando sua promoção para os ambientes de homologação e produção.

Em resumo, as boas práticas para promover o reuso funcional são:

1. Reusar apenas componentes testados cuja procedência você conhece;

2. Utilizar um gerenciador de "build", como o Maven;

3. Criar repositórios de componentes externos e internos, só com versões homologadas por você;

4. Utilizar um sistema de integração contínua para gerar os "builds" do seu sistema.

Testes

Ah, os testes! Todos dependemos deles, porém, os relegamos a segundo plano... Se você duvida, então consulte o seu software de SCM (Software Configuration Management: CVS, SVN, Git etc.) e veja quantos sistemas mantêm o código-fonte dos testes armazenados.

Todos os dias, programadores escrevem milhares de linhas de código de teste e, ao final do projeto, todo este acervo é largado à própria sorte, sem ninguém que cuide, classifique e rode esses testes quando necessário.

Além de escrever milhares de linhas de código de teste, a grande maioria desses testes é ineficaz, pois não exercita grande quantidade de linhas de código de seus alvos. Eu sei, pois em meus mais de 30 anos de profissão, vejo isso diariamente.

Hoje, com sistemas Web e Mobile, a tendência de "testar na tela" é cada vez mais adotada, ou seja, basta testar a funcionalidade utilizando a interface gráfica. Não são apreciados os testes "batch", como os executados com o JUnit.

Problemas atuais com os testes de caixa branca

Testes de "caixa branca" são os testes que levam em consideração a estrutura e a organização interna do código-fonte. Os mais conhecidos são os testes de unidade e de integração (SWEBOK: "http://www.computer.org/portal/web/swebok/html/ch5#Ref2.1").

Teste unitário

De acordo com o SWEBOK, o teste unitário verifica o funcionamento isolado das partes componentes do software ou suas unidades. Uma unidade é um conjunto de partes cuja divisão não é prática, como, por exemplo, um conjunto de classes que só faz sentido operarem juntas e, geralmente, são mantidas por um único desenvolvedor.

O objetivo do teste unitário é avaliar se aquele pedaço do software está funcionando conforme a especificação, se os métodos se comportam como deveriam e se levantam as exceções corretas.

O teste unitário é executado, preferencialmente, de forma automatizada, por meio de softwares como o JUnit e o Maven, por exemplo.

O ideal é que o teste unitário exercite o máximo de linhas possível de seu alvo (o código-fonte a ser testado) e isto pode ser instrumentado e observado. Quanto mais linhas testadas, maior a probabilidade de encontrar defeitos durante os testes.

Para que um teste unitário tenha maior probabilidade de sucesso (encontrar defeitos), é necessário delimitar o teste apenas àquela unidade em foco, ou seja, devemos evitar testar mais código do que estamos trabalhando. Podemos fazer isto simulando o comportamento de outras unidades, necessárias para efetuarmos os testes, ao invés de realmente executá-las, pois podem "mascarar" ou interferir no teste da nossa unidade.

Se nós fatorarmos bem os comportamentos do nosso sistema, teremos um conjunto bem definido de interfaces, as quais podemos utilizar para "sintetizar" as classes utilizando um mecanismo de Mocking ("http://en.wikipedia.org/wiki/Mock_object"). Desta forma, teremos um conjunto de testes que pode ser executado e repetido independentemente do estado do resto do sistema.

Cobertura dos testes

Quando temos testes de unidade eficazes e testes de integração abrangentes, conseguimos executar grande parte do nosso código aumentando o índice de cobertura de testes do sistema.

Porém, qual seria um bom índice de cobertura? Será que 80% seriam o suficientes? Depende... O índice de cobertura pode ser medido por ferramentas automatizadas e estas não fazer distinção sobre o código que está sendo efetivamente testado.

Em todo sistema, existe um código que nem sempre será executado, como o código de frameworks, por exemplo. Neste caso, não adianta perseguir 100% porque sempre haverá uma parte não testada.

Teste de integração

O objetivo do teste de integração é verificar se as diversas partes do sistema funcionam em conjunto. Neste momento, os "mocks" serão substituídos pelos componentes reais e as interfaces serão exercitadas. Se houver problemas, será causado pela má implementação de alguma interface.

Temos que exercitar o máximo de interfaces possível, escrevendo testes que efetivamente instanciem e executem métodos com passagem de dados por várias classes, testando as situações previstas em cada interface.

46 | **Qualidade de Software na Prática**

O ideal é termos testes específicos de integração, executados em separado dos testes de cada unidade, pois são objetivos diferentes.

Problemas

É claro que explicarei melhor o processo de análise do código, mas só para adiantar, ele é feito com base no código-fonte "oficial", ou seja, aquele que está marcado no repositório SCM (SVN, CVS etc.) como a versão atual. E o processo é automatizado por ferramentas que podem executar "scripts" de teste e avaliar o índice de cobertura.

Só para começar (e repetir), o maior problema que eu encontro, quando faço a análise do código, é a ausência de código de teste. Sem código de teste, não há como comprovar que as unidades e o próprio sistema foram efetivamente testados, e qual foi o índice de cobertura alcançado.

Nestas situações, eu procuro os responsáveis pelo sistema e pergunto pelos testes. Normalmente, estão espalhados entre os vários desenvolvedores da equipe que desenvolveu o projeto.

Em outras situações, apenas os resultados dos testes são anexados. Coisas como, por exemplo, cópias de tela ou dados de entrada e listagens, são digitalizados e anexados em documentos textuais, com a intenção de provar que o sistema foi testado. E os testes em si são realizados manualmente ou com um software de teste funcional. De qualquer forma, não é fácil nem prático repetir os testes, mesmo que seja para analisar o índice de cobertura.

Quando existem "scripts" de teste junto do código-fonte, outros problemas aparecem:

• "Scripts" manuais, ou seja, classes com método "main" que devem ser executadas manualmente;

• Objetivos misturados. Os "scripts" misturam o teste unitário com o teste do sistema, comprometendo a objetividade do teste;

• Ambiente complexo, ou seja, para serem executados os testes, é necessária uma série de medidas, desde criar o servidor do banco de dados até iniciar o servidor Web;

• Testes "destrutivos", aqueles que interferem de tal forma no sistema (e em outros sistemas), que é necessário preparar um teste com antecedência;

• Testes ineficazes que não verificam se realmente a função testada foi executada (já vi muita coisa como "assertTrue(true)"!);

Capítulo 3 - Boas Práticas | **47**

• Baixa cobertura. Mesmo em casos onde encontro os "scripts" de teste e estes podem ser executados pelo Maven, apresentam baixo índice de cobertura.

Quando pergunto aos desenvolvedores por que os testes estão ineficazes, obtenho respostas parecidas:

• "Não tem como testar todas as exceções";

• "Não tem como testar as classes de camada da apresentação";

• "Só posso testar quando o componente do fulano estiver pronto".

São alegações vazias que só servem para mascarar a verdade: faltou aplicação de boas práticas no desenvolvimento do software!

Como testar com eficácia

Para ser testado com eficácia, o sistema tem que ter boa testabilidade. Para ter boa testabilidade, é preciso:

• Que as interfaces estejam disponíveis isoladamente e bem documentadas;

• Que as interfaces possam ser injetadas externamente;

• Que o sistema possua baixa complexidade ciclomática, de modo a permitir criar casos de teste abrangentes.

Se nada disso foi seguido, então a única esperança é testar funcionalmente (caixa preta) e rezar para ter descoberto todos os principais problemas. É o que acontece com a maioria dos projetos.

Interfaces isoladas

Já analisei isso quando expliquei a "Fatoração de comportamentos". Cada comportamento no sistema deve ter uma interface isolada, definida com todos os métodos, parâmetros, valores de retorno e exceções.

Se temos interfaces isoladas, podemos utilizar a técnica "Code Mocking" (http://en.wikipedia.org/wiki/Mock_object) para simular o funcionamento de outras partes do sistema. Podemos até especificar quais valores de retorno teremos para quais parâmetros. Isto nos permite testar bem uma unidade, sem necessariamente ter que testar também os componentes dos quais ela depende.

48 | **Qualidade de Software na Prática**

Muitos programadores recorrem a expedientes ruins, como pedir uma versão do componente para testar ou criar uma classe que imita o componente, só para teste. Por que isso é ruim? Para começar, já vi muitos códigos irem para a homologação (e até produção) com versões "fake" de componentes. Além disto, essas classes "fake" podem não ter seguido corretamente a definição da interface, gerando um comportamento incorreto.

Injeção externa

A pior coisa que um desenvolvedor pode fazer é "concretar" as dependências. Vamos imaginar um pequeno exemplo: uma classe "Emprestimo" que representa um empréstimo. O cálculo da taxa de juros é feito por outra classe "CalculadorTaxaJuros". Veja só como ficaria a classe "Empréstimo":

```
public void calcEmprestimo (Cliente cliente, double
montante, int prazo) {
      this.prazo = prazo;
      this.montante = montante;
      CalculadorTaxaJuros calc = new CalculadorTaxaJuros();
      this.taxa = calc().calcular(this.montante, this.prazo);
      this.valorFinal = (this.montante * this.taxa *
this.prazo) / 100.0d;
      }
```

Por quê? O código espera que exista uma classe concreta "CalculadorTaxaJuros" no "classpath". Não dá para testar eficientemente como "Code Mocking", logo, você terá que criar uma classe "fake" só para poder testar o código.

Melhor seria utilizar outro mecanismo que permita "injetar" em runtime a instância da classe desejada, como CDI (se o seu sistema for Java EE), ou mesmo a classe "ServiceLocator". Uma alternativa mais simples seria permitir a injeção da dependência com um método "setter". Alguns argumentam que tal prática "polui" a interface... Bem, é melhor uma interface poluída com injeção de dependências do que um código mal testado, não? De qualquer forma, o exemplo anterior teria melhor testabilidade se fosse desta forma:

```
public class Emprestimo {
   private Calculador calc;
   ...
   public void setCalc(Calculador calc) {
      this.calc = calc;
   }
```

Capítulo 3 - Boas Práticas | **49**

```java
        public void calcEmprestimo (Cliente cliente, double
montante, int prazo) {
            this.prazo = prazo;
            this.montante = montante;
            this.taxa = this.getCalc().calcular(this
      .montante, this.prazo);
            this.valorFinal = (this.montante * this.taxa *
this.prazo) / 100.0d;
        }
```

Assim, podemos "injetar" uma instância "fabricada" em um "script" de teste. Por exemplo, vamos usar o JMock (http://jmock.org/):

```java
    public interfaceCalculador {
        public double calcular(double valor, int prazo);
    }
    ...
    public class EmprestimoTeste {

        private Mockery mockingContext;

        @Before
        public void setup() {
            mockingContext = new JUnit4Mockery();
        }

        @Test
        public void testEmprestimo() {
            final Calculador mockedCalculador =
                mockingContext.mock(Calculador.class);
            mockingContext.checking(new Expectations() {
                {
                    oneOf(mockedCalculador).calcular (1000.00d, 12);
                    will(returnValue(12.0d));
                }
            });

            Emprestimo emp = new Emprestimo();
            emp.setCalc(mockedCalculador);
            emp.calcEmprestimo(new Cliente(), 1000.0d, 12);
            assertTrue(emp.getValorFinal() == 1440.0d);

        }

    }
```

50 | **Qualidade de Software na Prática**

Neste novo exemplo, alteramos a classe "Emprestimo" para permitir a "injeção" de uma instância da classe representada pela interface "Calcular". Não temos uma classe concreta "CalcularTaxaJuros", e nem precisamos! Podemos "sintetizar" uma classe a partir da interface e podemos especificar o que será retornado a cada chamada do método.

Baixa complexidade ciclomática

Complexidade ciclomática é uma métrica da complexidade de um módulo e é a base do método do "Teste de caminho básico", criado por McCabe ("A software complexity measure", IEEE, 1976).

Podemos calcular a complexidade ciclomática de um módulo (um método, por exemplo), transformando-o em um diagrama e contando o número de caminhos independentes dentro do código.

Por exemplo, suponha o seguinte trecho em Java:

```
01) public class TesteCiclo {
02)    public double calcular (int parametro1, int parametro2) {
03)        double retorno = 0.0d;
04)        if (parametro1 <= 7) {
05)            retorno = parametro1 * 1.5;
06)            if (parametro2 > parametro1) {
07)                retorno = retorno * 0.75;
08)                if (parametro2 == 1) {
09)                    retorno = -1.0d;
10)                }
11)            }
12)        }
13)        return retorno;
14)    }
15) }
```

Vamos tentar criar um diagrama deste código:

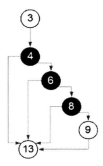

Cada círculo é um nó e tem o número da linha. Cada nó preto significa um nó predicado, ou seja, um nó que pode desviar o fluxo de execução, e cada nó branco é um nó comum.

Podemos calcular a complexidade ciclomática de duas formas:

- V(G) = E – N + 2
- V(G) = P + 1

Onde:

- "V(G)" = complexidade ciclomática;
- "E" = número de arestas;
- "N" = número de nós;
- "P" = número de nós predicados.

Podemos calcular das duas maneiras:

- V(G) = 8 – 6 + 2 = 4
- V(G) = 3 + 1 = 4

Para testar corretamente este trecho de código, teríamos que criar uma massa de teste que garanta que a execução percorra 4 caminhos básicos:

- 3 – 4 – 13
- 3 – 4 – 6 – 13
- 3 – 4 – 6 – 8 – 13
- 3 – 4 – 6 – 8 – 9 – 13

Isto poderia ser feito assim:

1. "double taxa = t.calcular(10, 0)
2. "double taxa = t.calcular(7, 7)
3. "double taxa = t.calcular(7, 10)
4. "double taxa = t.calcular(0, 1)

Assim, garantimos uma cobertura de 100% do código, utilizando o método do Teste de caminho básico.

Este pequeno trecho de código está com complexidade ciclomática 4... Isto é bom ou ruim? Depende... McCabe disse que quando um módulo (ele não especificou se era método ou classe) atinge 10, este deve ser refatorado. Vamos pensar... Nosso exemplo tem 15 linhas de código, sendo que somente oito são realmente funcionais (o resto é formatação); temos que criar quatro registros de teste para ele? Eu acho que a complexidade desse pequeno método está alta demais.

Vejamos um exemplo pior... Analise este método, tirado de uma classe "Empréstimo":

```
01)    private double calcularJuros() {
02)       FinancDao dao = new FinancDao();
03)       double taxa = 0.0d;
04)       try {
05)          switch (this.tipo) {
06)          case PRE_FIXADO:
07)             taxa = dao.getTaxaPre(this.montante,
this.cliente);
08)             break;
09)          case POS_FIXADO:
10)             ResultSet rsTaxas = dao.getTaxaPos1();
```

Capítulo 3 - Boas Práticas | 53

```
11)              if (!rsTaxas.isAfterLast()) {
12)                  System.out.println("Erro: Sem taxas pos");
13)              }
14)              else {
15)                  while (rsTaxas.next()) {
16)                      if (this.montante <=
rsTaxas.getDouble(1)) {
17)                          if (this.prazo <= rsTaxas.getInt(2)) {
18)                              taxa = rsTaxas
    .getDouble(3);
19)                          }
20)                      }
21)                  }
22)              }
23)              break;
24)          case CDC:
25)              taxa = dao.getTaxaPre(this.montante,
this.cliente);
26)              ResultSet rsRisco = dao.getRiscosCDC();
27)              while (rsRisco.next()) {
28)                  if (this.montante <= rsRisco .getDouble(1))
{
29)                      if (this.prazo <= rsRisco .getInt(2)) {
30)                          taxa = taxa + rsRisco .getDouble(3);
31)                      }
32)                  }
33)              }
34)              break;
35)          case CONSIGNADO:
36)              taxa = dao.getTaxaPreConsig(this .montante,
this.cliente);
37)              break;
38)          }
39)      }
40)      catch (SQLException sqe) {
41)          System.out.println("Erro: " + sqe.getMessage());
42)      }
43)
44)      return taxa;
45)  }
```

Nem vamos tentar criar o diagrama dele, pois seria ruim... Ao invés disto, eu acrescentei o "plugin" Metrics no meu "Eclipse" (update site: http://metrics. sourceforge.net/) e visualizei a complexidade deste método: 13!

Se rodarmos uma análise com o SONAR (http://www.sonarsource.org/), o número será ainda maior: 15!

Isto significa que, para testar somente este método, precisamos exercitar 15 caminhos básicos, ou seja, está complexo demais. Isto piora, além da testabilidade, a manutenção do sistema.

E o que podemos fazer? Simples: refatorar!

É claro que a classe "Empréstimo" muda seu comportamento de acordo com a propriedade "tipo" (aliás, sempre que virmos uma propriedade "tipo" ou "classe", devemos repensar o modelo). Logo, são tipos de empréstimos diferentes embutidos em uma só classe. O catálogo de refatorações de Martin Fowler tem uma solução para isto: substituir condicionais por polimorfismo!

Podemos criar uma classe básica "Empréstimo" e mover o método "calcularJuros()" para suas classes derivadas, eliminando o "switch". Isto permitira substituir uma classe de complexidade 13 por classes de baixa complexidade, melhorando a testabilidade e a manutenção do código.

Os céticos dirão: "Mas você está apenas trocando 6 por meiadúzia, afinal de contas, a complexidade vai continuar a existir". É verdade, mas nós a "diluímos". A complexidade não está mais concentrada em uma única classe, mas dividida em classes menores e mais fáceis de testar. Podemos focar melhor nossos testes e construir menos testes por classe.

Test-diven development (TDD)

É um método de programação cujo objetivo é construir um código centrado em testes. Vários autores propuseram métodos parecidos, sendo que um dos mais populares foi Kent Beck em seu livro "Test Driven Development: By Example", editado pela Addison-Wesley em 2003.

Uma boa descrição pode ser encontrada na Wikipedia: http://pt.wikipedia.org/wiki/Test_Driven_Development.

Como funciona o TDD

Resumidamente, temos três grandes atividades:

1. Construir um teste;
2. Fazer funcionar;
3. Fazer melhor.

Construir um teste

Uma funcionalidade será desenvolvida. Pode ser necessário criar novos artefatos de código-fonte ou alterar alguns deles. Não importa. Tudo o que precisamos é de uma documentação consistente dos requisitos dessa funcionalidade. Pode ser uma descrição de casos de uso ou uma "história de usuário" (XP: http://pt.wikipedia.org/wiki/Programa%C3%A7%C3%A3o_extrema).

O teste deve ser automatizado. Não adianta escrever belos roteiros de teste na esperança que um programador o execute. E esse teste deve fazer parte da "baseline" (a versão corrente dos artefatos de software no sistema de SCM) do código-fonte do projeto.

Fazer funcionar

É óbvio que o código irá falhar no teste, caso seja uma manutenção. Caso seja um código novo, você irá construí-lo e existe uma alta probabilidade dele também falhar. E isto é esperado.

Após falhar no teste, você concentra seus esforços em fazer o código passar pelo teste e durante esses esforços, provavelmente você incorrerá em práticas ruins, tais como, copy-and-paste, interfaces poluídas, módulos com alto acoplamento etc.

Fazer melhor

Agora que seu código-fonte passou no teste, é o momento de melhorá-lo, retirando as duplicidades,o código "morto" e refatorando as classes e os métodos.

Logicamente, ao final da "operação de limpeza", você deve rodar todos os testes novamente.

Ciclo

A cada nova funcionalidade (ou alteração), um novo teste deverá ser criado e todo o ciclo deverá ser repetido. Só devemos entrar na última atividade ("Fazer melhor") quando o código tiver passado em todos os testes, pois o custo de "melhorar" é alto e pode ser comprometido, caso haja alterações constantes.

Críticas ao TDD

Como todo método, o TDD tem suas críticas. Eu tenho pesquisado muito e encontrei várias críticas a esse método, e selecionei as melhores fontes:

- http://www.dalkescientific.com/writings/diary/archive/2009/12/29/problems_with_tdd.html
- http://stackoverflow.com/questions/64333/disadvantages-of-test-driven-development

As principais críticas ao TDD, como proposto originalmente, são:

É difícil criar testes no "vácuo"

O TDD prega que os testes devem ser criados antes do código ser escrito ou alterado. Muitas pessoas têm dificuldades em criar testes desta forma, gerando testes ineficazes ou muito rígidos. Requer experiência e visão de antecipação, de modo a criar testes eficazes e balanceados.

O TDD não enfatiza a criação de testes eficazes

O TDD prega a técnica "test first", ou seja, antes de criar ou alterar o código, o programador escreve o teste, no qual seu código deverá falhar. Existem críticos que advogam a prática do "test last", ou seja, escrevemos o código e testamos no final.

Mas o que é um teste eficaz? É criar testes eficazes que testem a funcionalidade e cubram todo o código-fonte. Para isto, é necessário conhecer a estrutura interna do código-fonte a ser testado ("caixa branca"), de modo a criar uma massa de teste abrangente ("caminhos básicos"). Igualmente, temos que testar todos os resultados possíveis, incluindo valores limítrofes e situações inesperadas (exceções, por exemplo).

Da maneira como foi criado, o método TDD não enfatiza a criação de testes efetivos e abrangentes, mas apenas testes de funcionalidade, algo beirando os testes de "caixa preta".

É claro que existem muito mais críticas, mas eu resolvi listar apenas as principais, com as quais eu concordo.

Melhor alternativa

Eu compartilho de algumas das críticas ao TDD, especialmente a de que ele não enfatiza a criação de testes eficazes. Porém, concordo que é muito importante ter os casos de teste escritos antecipadamente. Em um mundo ideal, teríamos testes escritos para cada comportamento do sistema, sendo rastreados a cada funcionalidade derivada dos requisitos.

Esses testes seriam apenas funcionais, não tendo a missão de exercitar o máximo do código-fonte.

Então, com o código pronto, escrevemos testes unitários de caixabranca, cujo objetivo é exercitar o máximo de linhas do código-fonte. Ambos os testes poderiam ser utilizados em um processo de integração contínua.

Código autodocumentado é melhor que código comentado

No meu livro anterior ("Guia de Campo do Bom Programador" – www.obom programador.com), eu já analisei este assunto em detalhes, porém, como estou vendo as boas práticas, tenho que apresentar tal assunto, mesmo que superficialmente.

Documentação

Eu sou de uma época na qual os programas tinham documentação! Sim, havia manuais de programa (com capa dura e etiqueta) que continham a especificação original, análise, projeto, fluxograma, última listagem comentada e quais foram as alterações.

Tudo era assinado e conferido por pessoas chamadas "documentadores de sistemas".

Não precisa dizer que esta prática caiu em desuso rapidamente. Por quê? Bem, vamos imaginar os motivos:

1. Dificulta o processo de desenvolvimento;

2. Aumenta o prazo e o custo dos projetos de software.

58 | **Qualidade de Software na Prática**

Mas o real motivo mesmo é: desatualização! Sim, ninguém perde tempo atualizando uma documentação que, quando é feita, ocorre após o programa ser implantado em produção, logo, a memória vai apagando-se. E os programadores detestam escrever a documentação de seus programas. Nem mesmo o manual do usuário!

Com o advento das técnicas de Engenharia de Software, com a programação estruturada, por exemplo, veio também o conceito de código autodocumentado, ou seja, o próprio código é a sua documentação.

Inicialmente, as pessoas confundiram "código autodocumentado" com "código comentado", e isso vem causando confusão até hoje.

Comentários

Eu gosto muito do site Javaranch (www.javaranch.com), especialmente da "Granny" (vovó), que tem uma seção chamada "pearls of wisdom from Granny" (pérolas de sabedoria da vovó - http://www.javaranch.com/granny.jsp). Entre outras "preciosidades", ela diz:

> *"Debug only code - comments can lie" ("Depure apenas o código – os comentários podem mentir")*

Os comentários em código-fonte têm o mesmo efeito das antigas documentações: ficam desatualizados rapidamente. Quase ninguém se preocupa em arrumar os comentários após uma alteração de código, logo, não podemos confiar neles.

Porém, os comentários não são somente "malévolos", pois existem alguns padrões bem interessantes, como, por exemplo, o "Javadoc" (http://www.oracle.com/technetwork/java/javase/documentation/index-137868.html). E para os projetos .NET, existe o padrão XML Comments (http://msdn.microsoft.com/en-us/magazine/dd722812.aspx).

Quando devemos escrever comentários?

• Comentário de classe (ou interface): descreve a classe, incluindo seu autor, funcionalidade, versão etc.;

• Comentário de método: descreve o método, seus parâmetros, valor de retorno e exceções que podem ser lançadas.

É claro que podemos comentar mais elementos, porém estes dois são mais do que suficientes para criarmos uma documentação abrangente da API do nosso modelo de classes.

Devemos comentar as linhas de código?

Eu digo que **não!** Não devemos comentar as linhas de código nem criar comentários de bloco explicando os procedimentos. Isto deve ser evitado a todo custo. Por quê? Bem, parafraseando Martin Fowler, se você sente necessidade de escrever comentários para facilitar o entendimento de um trecho de código, por que não o reescreve para que seja mais bem compreendido?

Vejamos um exemplo:

```
public double calcular(double a, double b, double c) {
    return (b*b-4*a*c) < 0 ? Double.NaN :  (b*b-4*a*c);
}
```

Procure abstrair, é só um exemplo! Descobriu o que este método faz?

Imaginemos que o autor tenha "apiedado-se" de nós e resolveu "documentar" o código:

```
public double calcular(double a, double b, double c) {
    /*
     * Calcula o delta da equação de segundo grau, os
     * parâmetros são os coeficientes da equação e
     * o retorno é calculado subtraindo-se de "b", ao quadrado,
     * o produto de 4 pelo valor de "a" e pelo valor de "c".
     */
    return (b*b-4*a*c) < 0 ? Double.NaN : (b*b-4*a*c);// Delta
}
```

Quais são os problemas? Continua difícil de entender, requerendo a leitura do comentário, e nada garante que os comentários estão alterados. Por exemplo, vamos supor que foi solicitado que o método retorne a raiz quadrada do delta, caso exista nos números reais:

```
public double calcular(double a, double b, double c) {
    /*
     * Calcula o delta da equação de segundo grau, os
     * parâmetros são os coeficientes da equação e
     * o retorno é calculado subtraindo-se de "b", ao quadrado,
```

```
    * o produto de 4 pelo valor de "a" e pelo valor de "c".
    */
    return (b*b-4*a*c)<0?Double.NaN:Math.sqrt(b*b-4*a*c); //
Delta
    }
```

Onde está a alteração nos comentários? Sempre irá existir alguém que dirá: "mas eu sempre cuido de manter os comentários". Não podemos depender da boa vontade das pessoas, temos que seguir métodos e boas práticas.

Não seria melhor reescrever esse método para dispensar os comentários? Vejamos:

```
public double calcularDelta(double coeficienteA,
                double coeficienteB,
                    double coeficienteC) {

    double valorDelta =Math.pow(coeficienteB, 2)
                - 4 * coeficienteA * coeficienteC;

    if (valorDelta < 0) {
        valorDelta = Double.NaN;
    }
    else {
        valorDelta = Math.sqrt(valorDelta);
    }

    return valorDelta;
}
```

E aí? Precisa de comentário para entender o que o método faz? Se quiséssemos comentar alguma coisa, poderíamos incluir um comentário de método no estilo Javadoc:

```
/**
 * Calcula o valor do delta de uma equação do segundo grau,
segundo a fórmula de Bhaskara,
 * já calculada sua raiz quadrada.
 * @param coeficienteA double valor do coeficiente "a" da equação
 * @param coeficienteB double valor do coeficiente "b" da equação
 * @param coeficienteC double valor do coeficiente "c" da equação
 * @return valor do delta ou NaN se for negativo
 */
public double calcularDelta(double coeficienteA,
                double coeficienteB,
```

```java
                        double coeficienteC) {

    double valorDelta = Math.pow(coeficienteB, 2)
                - 4 * coeficienteA * coeficienteC;

    if (valorDelta < 0) {
        valorDelta = Double.NaN;
    }
    else {
        valorDelta = Math.sqrt(valorDelta);
    }

    return valorDelta;
}
```

Agora, o código está autodocumentado e dispensa quaisquer comentários extras.

Mas ficou maior

Alguns podem argumentar que o método ficou maior, logo, menos eficiente. Neste caso, temos que decidir o que queremos: um código mais fácil de manter ou mais eficiente de executar? A versão autodocumentada é equivalente à versão anterior, em termos de complexidade computacional (http://pt.wikipedia.org/wiki/Complexidade_computacional), logo, o desempenho do código não deve ser impactado.

Se o desempenho for realmente crítico, talvez tenhamos que utilizar outros recursos, como bibliotecas de cálculo usando a GPU (OpenCL - http://www.khronos.org/opencl/), por exemplo. Mas isto não nos impede de criar um código com qualidade.

Não mantenha o "código antigo" comentado

Uma mania irritante de alguns programadores é comentar linhas de código antigo, deixando-as dentro do arquivo-fonte.Por exemplo:

```java
private double calcularJuros() {
    FinancDao dao = new FinancDao();
    double taxa = 0.0d;
    try {
        switch (this.tipo) {
        case PRE_FIXADO:
            taxa = dao.getTaxaPre(this.montante, this.cliente);
            break;
        case POS_FIXADO:
```

62 | Qualidade de Software na Prática

```java
ResultSet rsTaxas = dao.getTaxaPos1();
if (!rsTaxas.isAfterLast()) {
System.out.println("Erro: Sem taxas pos");
}
else {
    while (rsTaxas.next()) {
        if (this.montante <= rsTaxas.getDouble(1)) {
            if (this.prazo <= rsTaxas.getInt(2)) {
                taxa = rsTaxas.getDouble(3);
            }
        }
    }
}
break;
case CDC:
    /*
    taxa = dao.getTaxaPre(this.montante, this.cliente);
    ResultSet rsRisco = dao.getRiscosCDC();
    while (rsRisco.next()) {
        if (this.montante <= rsRisco.getDouble(1)) {
            if (this.prazo <= rsRisco.getInt(2)) {
                taxa = taxa + rsRisco.getDouble(3);
            }
        }
    }
    */
    taxa = CDCbn01.novaTaxa();
    break;
case CONSIGNADO:
    taxa = dao.getTaxaPreConsig(this.montante,
this.cliente);
    break;
    }
}
catch (SQLException sqe) {
    System.out.println("Erro: " + sqe.getMessage());
}
return taxa;
}
```

Temos um trecho de código comentado neste método, provavelmente porque alguma "solicitação de mudança" provocou esta alteração. Agora, ao invés de calcular a taxa para CDC, o método delega o trabalho para outra classe.

Mas por que o código antigo continua lá?

Esta prática pode causar diversos problemas:

• Aumentar a dificuldade de manutenção;

• Reutilizar o código antigo incorreto.

É comum que alguns desenvolvedores comentem a parte antiga enquanto estão trabalhando no código, só que se esquecem de retirar o "lixo" antes de fazer o "commit" no SCM.

Isto é má gestão de configuração do software! Se você é um engenheiro de software digno da profissão, então, emprega os conceitos de SCM (Software Configuration Management - http://www.computer.org/portal/web/swebok/html/contentsch7#ch7) ou Gestão de Configuração de Software, logo, utiliza um sistema de versionamento de artefatos, como o CVS (http://cvs.nongnu.org/), SVN (http://subversion.tigris.org/) ou ainda Git (http://git-scm.com/). Se você tem um repositório de artefatos de software, então, a versão antiga do código estará lá, em toda a sua glória, não sendo necessário manter o seu "cadáver" no código-fonte atual.

Refatorações para melhorar o entendimento do código

Martin Fowler criou um catálogo de refatorações e algumas delas estão relacionadas à criação de um código autodocumentado (http://www.refactoring.com/catalog/):

• Introduzir variável explicativa (Introduce Explaining Variable): substitua uma expressão complexa por uma variável explicativa - foi o que fizemos na refatoração do método "calcular" ao criar a variável "valorDelta";

• Substituir ninhos de condicionais por cláusulas de proteção (Replace Nested Conditional with Guard Clauses) para facilitar o entendimento do caminho de execução de um método;

• Substituir recursividade por iteração (Replace Recursion with Iteration): o código recursivo é difícil de entender e, geralmente, pode ser substituído pela iteração ("while", por exemplo);

• Decompor condicional (Decompose Conditional): temos uma estrutura de decisão complicada (if-then-else), assim, podemos extrair os métodos dos resultados das condições e invocá-los.

64 | **Qualidade de Software na Prática**

Eu recomendaria fortemente que você lesse o livro "Refatoração – Aperfeiçoando o Projeto de Código Existente" de Martin Fowler (http://www.refactoring.com/catalog/), lançado pela editora Bookman, em 2004.

Capítulo 4
Principais Indicadores

Existem vários indicadores que podem ser utilizados para avaliar o código-fonte de um sistema aplicativo e eles avaliam diversos aspectos da qualidade de software.

O objetivo deste capítulo é discorrer sobre os principais indicadores sem esgotar o assunto, mas criando uma referência básica para entender como avaliar a qualidade do software.

Para cada indicador, daremos algumas referências de ferramentas (caso existam) e valores.

Não estou considerando indicadores subjetivos, como "pontos por função", pois não servem para avaliar o código-fonte. Apenas os indicadores objetivos, mensuráveis e impactantes na qualidade do software serão considerados.

Tamanho

A primeira coisa que procuramos avaliar em um software é o seu tamanho. Mas como podemos medir o tamanho? Melhor ainda: como podemos saber se o tamanho está adequado? Como podemos saber se é possível melhorar a qualidade do código, baseados apenas no tamanho?

São muitas perguntas e creio que não temos resposta para todas...

Source Lines of Code

Esta métrica, também chamada de "SLOC", é o número de linhas em todos os arquivos de código-fonte do projeto. Podemos dividir SLOC em "Physical SLOC" ou simplesmente "LOC", que é o total de linhas de código, incluindo as linhas em branco e os comentários, e "Logical SLOC", ou "LLOC", que são apenas as linhas que contêm comandos.

Podemos agrupar a medida "SLOC" por método, classe ou mesmo pacote, de acordo com a ferramenta que utilizamos.

Podemos utilizar o SLOC para comparar os sistemas, desde que ambos sejam escritos com a mesma linguagem, afinal, existem linguagens mais "verbosas" que outras. O ideal é comparar a ordem de grandeza do SLOC, pois um sistema com SLOC = 20.000 está mais próximo de um com SLOC = 30.000, do que outro com SLOC = 110.000.

Medindo o SLOC com o plugin Metrics para Eclipse

O plugin "Metrics" (http://metrics.sourceforge.net/) conta o número de linhas de código lógicas (LLOC). Para o exemplo abaixo, ele apontou 16 em "Total Lines of Code" e 11 linhas no método "calcular()":

```
01) package com.teste.complexidade;
02)
03) public class TesteCiclo {
04)    //teste
05)    public double calcular (int parametro1, int parametro2) {
06)         double retorno = 0.0d;
07)         if (parametro1 <= 7) {
08)              retorno = parametro1 * 1.5;
09)              if (parametro2 > parametro1) {
10)                   retorno = retorno * 0.75;
11)                   if (parametro2 == 1) {
12)                        retorno = -1.0d;
13)                   }
14)              }
15)         }
16)         return retorno;
17)    }
18)}
```

Medindo o SLOC com o SONAR

O SONAR (http://www.sonarsource.org/) é capaz de medir com mais detalhes. A análise da mesma classe por ele deu os seguintes resultados:

- Lines: 18
- Lines of code: 16
- Methods: 1
- Accessors: 0
- Statements: 8

Limites e valores recomendados

É sempre um problema tentar por limites em tamanho do código... Há muita divergência a respeito... Porém, SLOC pode ser uma medida importante de complexidade.

Há muito tempo, quando eu ainda programava em COBOL, utilizando cartões perfurados e listagem em papel, havia uma noção de que um "parágrafo" (uma sub-rotina em COBOL) não deveria estender-se por mais de uma página, que tinha 66 linhas por página. Por quê? Se fosse necessário virar páginas para ler e entender o código-fonte de um parágrafo, era sinal de que ele estava muito complexo e poderia ter baixa coesão, logo, seria melhor fatorá-lo, retirando o comportamento mais específico e colocando em módulos de menor nível.

Quando surgiram os terminais de vídeo, com 80 colunas e 24 linhas, essa medida se "adaptou", logo, um parágrafo que ocupasse mais de uma "tela" era considerado "grande" demais.

Por incrível que pareça, muita gente pensa a mesma coisa:

- Uma classe que ocupa mais de uma folha A4, deveria ser refatorada;
- Um método que ocupa mais de 30 linhas, deveria ser refatorado.

Para uma medida mais correta, eu consultei o SIG (Software Improvement Group - (http://www.sig.eu/en/About_SIG/)), que criou um documento interessante: "A Practical Model for Measuring Maintainability", que classifica os sistemas Java de acordo com o número de LLOC:

Classificação	Número de KLOC* Java	Tamanho
++	0 - 66	Muito pequeno
+	66 - 246	Pequeno
0	246 - 665	Médio
-	665 - 1.310	Grande
--	> 1.310	Muito gande

(*) KLOC = milhares de LLOC

Para medir o tamanho das unidades (**), podemos seguir a recomendação do plugin SIG Maintainability, utilizado no SONAR:

Dificuldade	LOCs
Muito alta	> 100
Alta	> 50
Média	> 10
Baixa	> 0

(**) Para o SIG, uma unidade em Java (ou C#) é um método ("the smallest piece of code that can be executed and tested individually").

De acordo com a tabela SIG, um método com LLOC entre 10 e 50 linhas seria considerado de média dificuldade (em termos de manutenção), o que equivale à noção de que um método deveria caber em uma folha A4 (ou em uma tela).

Se um método apresenta mais de 50 LLOC, deve ser refatorado.

Já o PMD (http://pmd.sourceforge.net/pmd-4.3.0/rules/codesize.html), que é um software de avaliação de regras de codificação, diz que um método com 100 linhas ou mais deveria ser refatorado.

Quanto às classes, o PMD estabelece um limite de 1.000 linhas de código por classe. Eu, pessoalmente, considero mais importante analisar o tamanho dos métodos da classe e a quantidade de métodos que possui. E para mim, uma classe com 1.000 linhas tem alguma coisa errada...

Martin Fowler inventou o termo "bad smells" (maus cheiros) no código, em seu livro "Refatoração – Aperfeiçoando o projeto de código existente", lançado pela Bookman, em 2004. Ele se referia a sinais que podem indicar que o código precisa ser refatorado. Outra boa referência para isto é o site "Code Smells" (http://c2.com/cgi/wiki?CodeSmell).

Quando vejo classes muito grandes (maiores que 200 linhas), mesmo que seus métodos estejam dentro do limite "médio" (até 50 LLOC), eu procuro pelos sinais:

• A classe tem mais de uma responsabilidade;

• A classe é um exemplo de "God Class" (classe Deus), ou seja, ela controla muitos outros objetos do sistema e cresceu mais do que o necessário;

• A classe está "reinventando a roda", por exemplo, fazendo "parsing" de XML por substring, ou outras tolices do gênero.

Uma boa leitura para determinar o número de métodos e sua quantidade de linhas em uma classe é o livro "Clean Code: A Handbook of Agile Software Craftsmanship", de Robert C. Martin, editado pela Prentice Hall, em 2008.

Uma classe deve ser pequena e deve conter apenas os métodos necessários para cumprir sua responsabilidade. Muitos métodos podem significar muitas responsabilidades, porém, uma classe com somente um único método pode significar baixa coesão.

Quantidade de métodos e campos

A quantidade de métodos públicos e privados, além dos campos em uma classe, pode ser um indicador de problemas.

Quantidade de métodos

Uma classe com muitos métodos é difícil de manter e testar, logo, é candidata a um refactoring. O número exato de métodos que uma classe deve ter é sujeito a várias interpretações. Note que estamos falando sobre os métodos declarados na classe, não sobre os métodos herdados e não sobrescritos.

Vamos tirar os métodos de acesso das propriedades (getters/setters e isXXX).O que sobra? São os métodos ligados à responsabilidade da classe ou os métodos "funcionais". Eu ficaria com o limite de 10 métodos funcionais por classe, que é aceito em muitas ferramentas, embora não exista uma lógica precisa por trás desse número.

Dependendo do seu estereótipo (http://pt.wikipedia.org/wiki/Estere%C3%B3 tipo_UML), uma classe pode ter mais de 10 métodos ou até menos. As classes que servem de "Business Controllers", "Front Controllers" ou "View Helpers", tendem a ter muitos métodos porque servem de "fachada" para o acesso às funções de negócio e interface.

Porém, sem uma razão muito forte, uma classe com mais de 10 métodos pode apresentar baixa coesão interna, além da violação do SRP. É melhor analisar a possibilidade de refatorá-la.

Podemos verificar a quantidade de métodos com o PMD (http://pmd.sourceforge .net/pmd-5.0.4/rules/java/codesize.html), que possui a regra "TooManyMethods". Essa regra conta todos os métodos, exceto os que começam por "set", "get" e "is". O limite é 10.

Quantidade de campos

Uma classe com muitos campos representa um problema de manutenção. É claro que existem algumas exceções, como, por exemplo,os DTOs (Data Transfer Objects) e os Context Objects, mas geralmente representam violações do SRP e podem ser refatoradas.

Estabelecer um número limítrofe é muito difícil. Eu, particularmente, procuro sempre por classes que tenham mais de 10 campos, pois pode haver "classes ocultas" ou violação do SRP. Por exemplo, suponha a classe abaixo:

```
public class Cliente {
        private String nome;
        private String rua;
        private int numero;
        private String bairro;
        private String Cidade;
        private String UF;
        private String CEP;
}
```

É claro que tem uma "classe oculta" dentro desta classe: endereço! Podemos retirar os campos "rua", "número", "bairro", "cidade", "UF" e "CEP" e formar uma nova classe.

Agora, veja esta classe:

```java
public class Cliente {
    private String nome;
    private String rua;
    private int numero;
    private String bairro;
    private String Cidade;
    private String UF;
    private String CEP;
    private double saldoEmConta;
}
```

O campo "saldoEmConta" significa que a classe Cliente está assumindo mais de uma responsabilidade: representar um cliente e representar uma conta, mantendo o seu saldo. Melhor seria refatorar e mover esse campo para outra classe.

O PMD (http://pmd.sourceforge.net/pmd-5.0.4/rules/java/codesize.html) estabelece um limite de 15 campos (não estáticos e não declarados como "final") com a métrica "TooManyFields".

Confiabilidade do código

Eu preferi agrupar alguns indicadores sob este título porque afetam a confiança que temos de que o código-fonte está correto e sem potenciais riscos.

Duplicidades

O que é duplicidade? É quando um grupo de linhas é utilizado repetidamente no código-fonte do sistema.

Como é criada a duplicidade do código

A duplicidade é criada de algumas maneiras:

1. Copiar e colar: o programador, com pressa, copia um trecho de código para colar em outro ponto do código-fonte;

2. Similaridade: o programador precisa da mesma funcionalidade em outro trecho de código, com pequenas diferenças, então, usa o recurso "copiar e colar", ao invés de tentar extrair um método;

72 | Qualidade de Software na Prática

3. Geradores de código: as ferramentas de geração de código (MDA, Plugins etc.) costumam gerar uma grande quantidade de código duplicado;

4. Copiar da Internet: o programador copia o código da Internet (http://stackoverflow.com/, por exemplo) e cola em vários trechos do programa.

Duplicidade é ruim?

Sim. Para começar, temos problemas de manutenção. Vamos supor que você criou uma sequência de código, copiou e colou em outras partes do sistema. E vamos supor ainda mais: você descobriu um erro nessa sequência e corrigiu. Quem garante que fará a mesma correção, da mesma forma, em todos os locais onde colou?

Além disto, pode haver sutis diferenças entre cada "colada" de código, podendo enganar o programador, fazendo-o assumir que todas as cópias são iguais.

Duplicidade pode significar má fatoração da funcionalidade, ou seja, este código talvez devesse residir em sua própria classe (ou método).

Como evitar a duplicidade?

Quando a duplicidade é criada pelos primeiros dois motivos listados anteriormente ("copiar e colar" e "similaridade"), é sinal de má decomposição funcional ou modelagem ruim. Certamente, é possível criar um método, uma classe, uma hierarquia de classes ou utilizar algum padrão de composição ("template method", por exemplo) para extrair o comportamento e reutilizá-lo no código-fonte.

Detecção de duplicidade

Várias ferramentas disponíveis para a análise do código conseguem detectar a duplicidade:

• PMD: http://pmd.sourceforge.net/pmd-5.0.4/cpd-usage.html;

• CheckStyle: http://checkstyle.sourceforge.net/config_duplicates.html;

• Sonar: http://docs.codehaus.org/display/SONAR/Metric+definitions#Metric definitions-Duplications.

A verdadeira questão é: há algum valor limite?

O Sonar tem uma métrica interessante, que é "duplicated_lines_density", calculada da seguinte forma: Linhas_duplicadas / Linhas * 100.

Eu diria que um projeto com mais de 5% mereceria uma revisão. É claro que a duplicidade pode ser causada por outros fatores, como, por exemplo, a complexidade acidental causada pelo uso de determinado framework, mas, mesmo assim, deveríamos ver se há alguma duplicidade indesejada.

Se você usou o PMD, pode calcular o percentual de linhas duplicadas e utilizar a mesma regra para o sistema inteiro: mais de 5% de linhas duplicadas merecem uma olhada mais detalhada.

Eu analisei vários sistemas e peguei um deles, com 8,4% de densidade de duplicidades. Vejamos alguns exemplos desse sistema, sem dizer qual é a classe e qual é o produto:

Classe 1, da linha 299 até 310, arquivo XPTO1 (nome omitido propositadamente):

```
299
                if (value==null) {
300
                    PropertyUtils.setProperty(to, fieldName, value);
301
                } else {
302
                    //Tipo da propriedade no objeto destino...
303
                    Class type = PropertyUtils.getProperty
Descriptor(to, fieldName).getPropertyType();
304
                    log.debug("Tipo da propriedade: " + (type!=
null?type.toString():null));
305
                    //So e possivel a conversao utilizando Strings.
306
                    Object convertedValue = null;
307
                    if(type.isAssignableFrom(java.util.Date.class)) {
308
                        convertedValue = DateFormat.getDate
Instance(3, new Locale("pt", "BR")).parse(value.toString());
309
                    } else if(type.isAssignableFrom(java.sql
.Date.class)) {
310
                        convertedValue = new Date(DateFormat
.getDateInstance(3, new Locale("pt",
"BR")).parse(value.toString()).getTime());
```

74 | Qualidade de Software na Prática

Mesma classe, da linha 369 até 380, e mesmo arquivo:

```
369
            if (value==null) {
370
                PropertyUtils.setProperty(to, fieldName, value);
371
            } else {
372
                //Tipo da propriedade no objeto destino...
373
                Class type = PropertyUtils.getProperty
Descriptor(to, fieldName).getPropertyType();
374
                log.debug("Tipo da propriedade: " + (type!=
null?type.toString():null));
375
                //So e possivel a conversao utilizando Strings.
376
                Object convertedValue = null;
377
                if(type.isAssignableFrom(java.util.Date.class)) {
378
                    convertedValue = DateFormat.getDate
Instance(3, new Locale("pt", "BR")).parse(value.toString());
379
                } else if(type.isAssignableFrom(java.sql
.Date.class)) {
380
                    convertedValue = new Date(DateFormat
.getDateInstance(3, new Locale("pt", "BR")).parse(value.toString())
.getTime());
```

E peguei mais duas utilizações da mesma sequência em arquivos diferentes, o que é um exemplo de duplicidade ruim.

Código "morto"

Podemos ter em um sistema alguns trechos de código sem serventia, também conhecidos como "código morto" (dead code). Isto acontece por vários motivos:

- O resultado calculado pelo código não é mais utilizado;
- O método deixou de ser invocado;
- O resultado é refeito em outra parte do código.

Capítulo 4 - Principais Indicadores | **75**

É importante diferenciar "código morto" e "código desativado por comentários". Ambas as práticas são ruins, mas o "código morto" está compilado e pode estar sendo executado pelo computador, ao contrário do código comentado.

Ele é criado por falta de critérios na manutenção do código. É recomendado que, ao fazer uma manutenção, o programador a refatore, gerando um código mais limpo. Os maus programadores (criados por mau gerenciamento de projetos) tendem a gerar um código "morto".

O código morto é ruim?

Sem dúvida! Ele está compilado, fazendo parte do módulo executável do sistema e pode até estar sendo executado, roubando ciclos de CPU e recursos computacionais. Também dificulta a manutenção, pois confunde os programadores.

Detecção do código "morto"

Várias ferramentas podem detectar o código "morto", mas eu prefiro estas:

• PMD: http://pmd.sourceforge.net/rules/unusedcode.html;

• Sonar: http://docs.codehaus.org/display/SONAR/Useless+Code+Tracker +Plugin.

Existe tolerância para o código "morto": **Não!** Todo código "morto" deve ser eliminado do sistema.

Comentários

Já falamos muito sobre comentários e código autodocumentado. Agora, vejamos como os comentários podem indicar problemas em um sistema.

Os comentários em um código autodocumentado servem para documentar a API e, com raras exceções, esclarecer alguns pontos duvidosos (eu tenho várias restrições a isto). Um código sem documentação de API, ou cheio de comentários, pode ser problemático. Um exemplo é a existência de "código desativado por comentários" dentro do código-fonte.

76 | Qualidade de Software na Prática

Os comentários são ruins?

Sim. Exceto quando estritamente necessários, ou seja, para documentar a API ou em casos extremos (que poderiam ser resolvidos por meio da refatoração). Os comentários para desativar o código são absolutamente ruins e denotam má gestão de configuração do software.

Detecção de comentários

Várias ferramentas conseguem quantificar os comentários:

• CheckStyle: http://checkstyle.sourceforge.net/config_javadoc.html;

• Sonar: http://docs.codehaus.org/display/SONAR/Metric+definitions (procurar "Documentation");

O CheckStyle pode ser executado com um plugin Maven e ter seu resultado embutido no site do projeto (Maven 2) ou ser executado independentemente (Maven 3). Eis alguns erros que ele pode apresentar:

```
public class XMLUnmarshallerImpl implements XMLUnmarshaller {
```

Erro: Missing a Javadoc comment. Está faltando o comentário Javadoc da classe.

```
public TipoListaAlertas unmarshall(File xmlFile) throws
Exception {
```

Erro: Missing a Javadoc comment. Está faltando o comentário Javadoc do método.

O Sonar pode apontar, entre outras coisas, o percentual de linhas de comentário, com relação ao total de linhas. E pode apresentar resultados detalhados também, por exemplo, para a mesma classe que mostrei com o CheckStyle:

• Comments (%): 0.0%

• Comment lines: 0

• Public documented API (%): 0.0%

• Public undocumented API: 5

• Public API: 5

Ele está dizendo que a classe tem cinco métodos públicos em sua API e todos estão sem documentação Javadoc.

O Sonar dá um total geral em seu dashboard:

- Comments: 17.3%
- 129 lines
- 37.0% docu. API
- 34 undocu. API

Temos apenas 37% de comentários Javadoc esperados e 34 métodos públicos sem documentação. Podemos procurar por comentários indesejados, que caem em duas categorias:

- Código desativado;
- Código que deveria ser refatorado.

Classes com alto percentual de comentários (mais de 10%) e classes com baixo percentual de comentários (0% ou mais) deveriam ser investigadas.

Quer um exemplo? No mesmo projeto eu achei uma classe com 1,7% de comentários e fui olhar o código. Veja o que descobri:

```
final FopFactory fopFactory =
FopFactory.newInstance();//FopFactory.newInstance(new File(".").toURI());
```

Um código desativado por comentário! Esta observação aparece nas violações de regras do Sonar, dentro de Major.

Conformidade com regras padronizadas

Existem várias regras aceitas internacionalmente, com as quais o código-fonte deveria estar em conformidade. Existem várias ferramentas que reforçam as regras, sendo as mais conhecidas:

- PMD (http://pmd.sourceforge.net/);
- CheckStyle (http://checkstyle.sourceforge.net/);
- Findbugs (http://findbugs.sourceforge.net/);

Qualidade de Software na Prática

Essas ferramentas verificam vários aspectos do código e retornam observações sobre ele. As observações são feitas em diversas categorias. Vejamos algumas categorias de cada um:

PMD

- Android
- Basic
- Braces
- Clone Implementation
- Code Size
- Comments
- Controversial
- Coupling
- Design
- Empty Code
- Finalizer
- Import Statements
- J2EE
- JavaBeans
- JUnit
- Jakarta Commons Logging
- Java Logging
- Migration
- Naming
- Optimization
- Strict Exceptions
- String and StringBuffer
- Security Code Guidelines

Capítulo 4 - Principais Indicadores | **79**

- Type Resolution
- Unnecessary
- Unused Code

CheckStyle

- Annotations
- Block Checks
- Class Design
- Coding
- Duplicate Code
- Headers
- Imports
- Javadoc Comments
- Metrics
- Miscellaneous
- Modifiers
- Naming Conventions
- Regexp
- Size Violations
- Whitespace

Findbugs

- Bad practice
- Correctness
- Malicious code vulnerability (vulnerabilidade a código malicioso)
- Internationalization
- Multithreaded correctness (correção de código multi thread – concorrente)

Qualidade de Software na Prática

- Performance
- Security
- Dodgy code (código suspeito)

É muito complicado "peneirar" seu código-fonte usando todas essas ferramentas e além disto, você deve estabelecer limites e qualificar cada tipo de violação. É exatamente o que uma ferramenta agregadora, como o Sonar (http://docs.codehaus.org/display/SONAR/Metric+definitions#Metricdefinitions-Rules), faz.

Mais do que isto, o Sonar classifica as violações em:

- Blocker: para tudo! Temos que verificar e corrigir imediatamente;
- Critical: temos que verificar e corrigir assim que possível;
- Major: é melhor verificar e, possivelmente, corrigir;
- Minor: vamosverificar a relevância;
- Info: vamos verificar.

O Sonar nos dá um percentual de "rules compliance" ou conformidade com regras, além de fornecer uma estatística para cada classe de violação (descritas acima).

As violações "Blocker" e "Critical" são sinais vermelhos, já as outras, carecem de verificação.

Agora, se não há violações "Blocker" e "Critical", temos que avaliar o percentual de conformidade do código. Eu diria que acima de 70% já está bom, embora não descarte verificar tudo.

Flexibilidade

Um sistema flexível é aberto a extensões, permitindo que seja aumentada sua funcionalidade ou que seja adaptado a novos requisitos. Para que seja possível, ele deve empregar componentes de baixo acoplamento e reduzir as dependências internas ao mínimo possível.

Existem alguns indicadores importantes sobre a flexibilidade do código-fonte e vamos listar alguns deles.

Coesão

Os módulos de baixa coesão tentem a apresentar mais alto acoplamento, logo, diminuem a flexibilidade (e a manutenção) do código. É uma boa atitude procurar por indicadores de baixa coesão.

Quando tratamos de sistemas orientados a objeto, o conceito de coesão muda um pouco. As métricas mais utilizadas atualmente são as derivadas de LCOM (Lack of Cohesion in Methods).

LCOM

A métrica LCOM original foi criada por Chidamber e Kemerer em seu artigo: "A Metrics Suite for Object Oriented Design", publicado pelo IEEE em 1994.

Esta métrica indica a coesão de uma classe, analisando a utilização dos atributos por métodos. Ela procura a quantidade de pares de métodos que não compartilha pelo menos uma variável da classe. É calculada desta forma (referência: http://www.aivosto.com/project/help/pm-oocohesion.html#LCOM4):

1. Para cada par de métodos da classe:

2. Se eles acessam pelo menos uma variável da classe em comum, some 1 à Q;

3. Senão, se eles não compartilham nenhuma variável da classe, some 1 à P;

4. Após comparar todos os pares de métodos, se P>Q, calcule LCOM = P – Q, senão, LCOM = 0;

Se usarmos a variação de Henderson-Sellers, o cálculo é normalizado, logo, um valorpróximo a zero indica uma classe coesa, um valor próximo a 1 indica uma classe de baixa coesão.

Esta métrica pode ser calculada com: Plugin Metrics for Eclipse: http://metrics.sourceforge.net/;

LCOM4

Esta métrica é uma evolução da LCOM e foi proposta por Hitz e Montazeri em seu trabalho "Measuring Coupling and Cohesion in ObjectOriented Systems", de 1995. Para calcular a LCOM4, temos que saber quantos "componentes conectados" existem dentro de uma classe (http://www.aivosto.com/project/help/pm-oo-cohesion.html#LCOM4).

82 | Qualidade de Software na Prática

Um componente conectado é um conjunto de métodos relacionados, o que pode ocorrer se:

• Ambos acessam a mesma variável da classe;

• Um chama o outro.

Vamos supor a seguinte classe:

```java
public class BaixaCoesao {
    private int variavel1;
    private int variavel2;
    private int variavel3;
    private int variavel4;
    private int variavel5;
    private int variavel6;
    private int variavel7;

    public int metodo1() {
        return variavel1 = 2 * variavel2;
    }

    public int metodo2() {
        return metodo1();
    }

    public int metodo3() {
        return metodo4();
    }

    public int metodo4() {
        return variavel2 = variavel2 * variavel3;
    }

    public int metodo5() {
        return variavel4 = variavel4 * variavel5;
    }

    public int metodo6() {
        return 0;
    }

    public int metodo7() {
        return metodo6();
    }
}
```

Nessa classe, temos 3 "componentes conectados":

1. "metodo1()", "metodo2()", "metodo3()" e "metodo4()";
2. "metodo5()";
3. "metodo6()" e "metodo7( )".

Neste caso, a LCOM4 dessa classe é 3, sendo este o número de classes em que ela deveria ser decomposta.

O Sonar (http://docs.codehaus.org/display/SONAR/LCOM4+-+Lack+of+Cohesion+of+Methods) mede a LCOM4 com precisão, dando um índice geral e indicando as classes com LCOM4 maior que 1.

O que deve ser feito?

Classes com baixa coesão significam um código-fonte de baixa manutenção e flexibilidade, tornando seu projeto mais rígido e de maior TCO (Total Cost of Ownership). Devemos refatorar essas classes separando os comportamentos disjuntos. Existe uma tolerância para a quantidade de classes com baixa coesão? Depende... Eu acho que existe um nível maior ou menor de alarme, dependendo da participação dessas classes no sistema.

As classes que realizam funções periféricas, mais genéricas, tendem a sofrer menos com as alterações. Já as classes que participam do cumprimento da função principal do sistema devem ser de alta coesão, pois podem comprometer a flexibilidade do mesmo.

Acoplamento

Dizemos que dois módulos se acoplam (classes, métodos, pacotes etc.), quando existe algum tipo de comunicação e dependência entre eles. Quando o acoplamento é "alto", a dependência é prejudicial, pois, alterações em um módulo podem gerar alterações em outro.

Um dos pioneiros do assunto foi Meilir Page-Jones, que escreveu o livro "Projeto estruturado de sistemas", editado pela Makron Books/McGraw-Hill em 1988.

O conceito original de acoplamento ainda vigora, mesmo nos projetos orientados a objetos, embora só seja passível de observação com uma inspeção visual.

Qualidade de Software na Prática

Existem vários graus de acoplamento entre dois módulos. Vamos citar do melhor para o pior:

• **Acoplamento de dados**: um módulo invoca outro passando apenas os dados necessários para que o segundo execute sua função. Esses dados são atômicos e não mudam o comportamento do módulo invocado;

• **Acoplamento de imagem**: um módulo invoca outro passando parâmetros compostos - instâncias de classes ou estruturas de dados. É passado mais do que o necessário e pode haver um uso não documentado de informações extras;

• **Acoplamento de controle**: um módulo invoca outro, passando, entre outras coisas, um "flag" de controle, indicando qual comportamento que o segundo módulo deve seguir;

• **Acoplamento comum**: quando dois módulos se referem à mesma área global de dados. Neste caso, as alterações nesta área ou em sua utilização podem afetar ambos os módulos;

• **Acoplamento de conteúdo**: quando um módulo utiliza ou refere-se à parte interna de outro, por exemplo, desvios (gotos), ou mesmo faz uso de variáveis e métodos privados.

É claro que esses conceitos surgiram na época da programação modular e estruturada, porém, se aplicam perfeitamente nos dias atuais. Quer exemplos?

Acoplamento de dados:

```
public class Classe1 {
    ...
    public int metodo1 () {
        ...
        Classe2 c2 = new Classe2();
        return c2.calcular(xpto);
        ...
    }
}

public class Classe2 {
    ...
    public int calcular(int dado) {
        ...
    }
}
```

Neste exemplo, o módulo "Classe1" tem um acoplamento de dados com o módulo "Classe2", pois invoca dois de seus métodos: o construtor "no-args" (sem parâmetros) e o método "calcular", e ambos recebem dados atômicos.

É o menor tipo de acoplamento que pode existir. O ideal é que se "Classe2" não necessita guardar o estado, deve ser criada como estática, diminuindo a quantidade de métodos a serem invocados.

Embora seja considerado o menor tipo de acoplamento, note que a classe "Classe1" está instanciando diretamente a classe "Classe2", logo, há uma dependência entre duas classes concretas. O ideal é que a "Classe1" usasse uma Interface para acessar a "Classe2", e o objeto fosse injetado nela. Assim, estaríamos reforçando os princípios de Inversão de Dependências e de Segregação de Interfaces.

Acoplamento de imagem:

```java
public class Classe1 {
    . . .
    public int metodo1 () {
        . . .
        Classe2 c2 = new Classe2();
        return c2.calcular(this);
        . . .
    }
}

public class Classe2 {
    . . .
    public int calcular(Classe1 dado) {
        . . .
    }
}
```

Agora, a "Classe1" está invocando o método "calcular" da "Classe2", porém está passando uma instância de objeto para ela (this: referência para o objeto atual).

Por que isto é ruim? Não é ruim, mas representa um acoplamento maior entre os dois módulos, pois as alterações na estrutura de dados utilizada como parâmetro podem implicar em alterações no módulo invocado.

Porém, este é um caso muito comum em OOP. Podemos minimizar o acoplamento empregando o princípio da segregação de interfaces, passando a menor interface possível para o segundo módulo.

Acoplamento de controle:

```java
public class Classe1 {
    ...
    public int metodo1 () {
        ...
        Classe2 c2 = new Classe2();
        return c2.calcular(tipo, valor);
        ...
    }
}

public class Classe2 {
    ...
    public int calcular(int tipoCalculo, double valor) {
        switch(tipoCalculo) {
            case 1:
                saida = Math.pow(valor, 2);
                break;
            case 2:
                saida = valor -2;
                break;
            case ...
        }
    }
}
```

Para mim, o acoplamento de controle é PÉSSIMO! E, infelizmente, é facilmente encontrado nos projetos atuais. Isto significa que a "Classe1" controla a "Classe2", fazendo com que modifique seu comportamento com base em parâmetros. Alterações em uma delas poderão provocar alterações na outra.

Outra variante de acoplamento de controle é no construtor:

```java
public class Classe2 {
    ...
    private int modo;
    ...
    public Classe2(int modo) {
        this.modo = modo;
    }

    public int calcular(double valor) {
```

```
        switch(modo) {
                case 1:
                        saida = Math.pow(valor, 2);
                        break;
                case 2:
                        saida = valor -2;
                        break;
                case ...
        }
    }
}
```

Este caso é mais "cruel" porque o controle foi feito na criação da instância e podemos não enxergá-lo no momento da chamada do método.

Acoplamento comum:

Acoplamento comum é um conceito surgido na época das linguagens procedurais, tais como, COBOL ou BASIC. Acontecia quando um módulo desviava ("goto") para dentro de outro ou chamava o outro em dois pontos diferentes ("gosub"). Mas, na orientação a objetos, esse conceito foi reaproveitado.

```
public class Classe1 {

        private int var1;
        private int var2;
        ...
        public int metodo1 () {
            ...
            var1 = var1 * 2;
            ...
        }

        public int metodo2 () {
            ...
            var2 = var1 * 2;
            ...
        }
}
```

Neste caso, temos dois métodos que compartilham as variáveis da classe "Classe1": "var1" e "var2". Dependendo da ordem em que são chamados, ou das alterações, um pode afetar o outro.

Mas existe um acoplamento comum entre as instâncias diferentes de classes:

```java
public class Contexto {
    public int var1;
    public int var2;
    public int var3;
}

public class Classe1 {
    private Contexto contexto;
    ...
    public Classe1(Contexto ctx) {
        this.contexto = ctx;
    }
    ...
    public int metodo1 () {
        ...
        Classe2 c2 = new Classe2();
        int xpto = contexto.var1 * contexto.var2;
        return c2.calcular(xpto);
        ...
    }
}

public class Classe2 {
    private Contexto contexto;
    ...
    public Classe2(Contexto ctx) {
        this.contexto = ctx;
    }
    ...
    public int calcular(int dado) {
        ...
        return dado * abcd - contexto.var3;
    }
}
```

É um agravamento do "acoplamento de imagem", no qual uma área é utilizada como transporte e depósito de dados por várias classes no sistema. Fica claro que as alterações na forma de uso do "Contexto" poderão afetar as duas classes.

Capítulo 4 - Principais Indicadores | **89**

Acoplamento de conteúdo:

```
public class Classe2 {
    ...
    private int var1;
    ...
    private void metodo1(){
    ...
    }

}

public class Classe1 {
    public void metodo1 () throws SecurityException,
        NoSuchMethodException, IllegalArgument
Exception,
        IllegalAccessException, InvocationTarget
Exception,
        NoSuchFieldException {
    Classe2 c2 = new Classe2();
    Method m = Classe2.class.getDeclaredMethod("metodo1");
    m.setAccessible(true);
    m.invoke(c2);

    Field f = Classe2.class.getDeclaredField("var1");
    f.setAccessible(true);
    f.set(c2,20);
    m.invoke(c2);
    }

    ...
}
```

A "Classe1" conhece as "entranhas" da "Classe2" e está invocando seus métodos privados! E, não satisfeita, está modificando seu estado interno (a variável privada "var1"). Isto é um exemplo moderno de acoplamento de conteúdo. Isto viola um dos três pilares da OOP, que é o "encapsulamento".

Acredite, caro leitor, cara leitora, já vi isso em alguns sistemas que analisei. Não sei o que mais me espantou: se o uso da reflexão para acessar os elementos privados de uma classe ou as explicações para esta prática.

Como medir o acoplamento

Para medir o acoplamento de forma automática, foram criadas algumas métricas que podem indicar o grau de acoplamento entre as classes e os pacotes. Embora não sigam exatamente o conceito original, servem como um excelente indicativo da flexibilidade do sistema. Vejamos algumas dessas métricas e como podemos verificá-las.

FAN-IN

É o número de classes que usam (ou referenciam) determinada classe. Quanto mais utilizada for, maior a dependência que o sistema tem dela. É uma métrica difícil de delimitar, pois pode gerar muitos "falsos positivos".

Quando poucas classes possuem um alto valor (muito "fuzzy logic", não) de FAN-IN, podemos estar diante de casos de violação do SRP (princípio da responsabilidade única) e isto pode comprometer a flexibilidade do sistema.

FAN-OUT

É o número de classes que determinada classe usa (ou referencia). Da mesma forma que FAN-IN, esta métrica é difícil de delimitar.

Quando temos poucas classes com alto valor de FAN-OUT, podemos estar diante de um problema chamado "God Class" (http://c2.com/cgi/wiki?GodClass), ou seja, classes que controlam muitos objetos. É claro que os Business Controllers (ou Delegates) possuem este papel, mas podem ser fatorados para distribuir melhor o risco de manutenção.

Medindo FAN-IN e FAN-OUT

O SONAR mede FAN-IN e FAN-OUT com as métricas "afferent couplings" e "efferent couplings" respectivamente (http://docs.codehaus.org/display/SONAR/Metric+definitions);

CBO

Coupling Between Objects é uma das métricas criadas por Chidamber & Kemerer e mede a quantidade de classes que estão acopladas a determinada classe (FAN-IN e FAN-OUT), seja pela chamada de métodos, herança, variáveis declaradas, parâmetros de métodos, seja por tipos de retorno.

Nem todas as ferramentas calculam o CBO de maneira correta, como descrita por Chidamber & Kemerer, logo, há muita confusão a respeito dos valores limítrofes.

Para calcular o CBO, existem as ferramentas:

- CKJM extended: http://gromit.iiar.pwr.wroc.pl/p_inf/ckjm/index.html;
- CKJM: http://www.spinellis.gr/sw/ckjm/;
- Sonar com o plugin ISOTROL: http://freecode.com/projects/metricanalytics.

Acoplamentos aferentes, eferentes e instabilidade

O conceito é semelhante a FAN-IN e FAN-OUT, mas são medidos entre os pacotes. Vejamos as definições:

- **Acoplamentos aferentes**(Ca): a quantidade de pacotes externos* que dependem de classes dentro de um determinado pacote;
- **Acoplamentos eferentes**(Ce): a quantidade de outros pacotes* dos quais as classes dentro de um pacote dependem;
- **Instabilidade** (I): indica a suscetibilidade de um pacote a alterações. É calculada como: $I = Ce / (Ce + Ca)$. Os valores próximos de zero indicam um pacote pouco suscetível a alterações e os valores próximos de 1 indicam um pacote muito suscetível a mudanças.

O valor dos acoplamentos aferentes é um bom indicador da dependência que o sistema tem de determinado pacote. Se for um pacote de classes de modelo ou que contenha muitas classes abstratas (e interfaces), então,será aceitável que exista um grande número de acoplamentos aferentes. Porém, se for um pacote comum, poderá ser necessário revisar as responsabilidades do pacote, fatorando-as. Desta forma, aumentamos a flexibilidade do sistema.

Já o valor dos acoplamentos eferentes indica a fragilidade de um determinado pacote, que depende muito da estabilidade de outros pacotes. Neste caso, pode ser necessário rever as classes do pacote, refatorando-as e movendo-as para os pacotes mais apropriados.

(*) alguns softwares entendem como quantidade de classes em outros pacotes, e não quantidade de pacotes.

A instabilidade é um bom indicador de suscetibilidade a alterações e devemos analisar e refatorar as classes do pacote em questão, e de alguns outros evolvidos, de modo a diminuir sua instabilidade. Outras práticas que ajudam a diminuir a instabilidade são o SRP, a segregação de interfaces e a inversão de dependências, com a criação de abstrações para os comportamentos esperados.

Para medir com precisão esses valores, a melhor ferramenta é o JDepend: http://clarkware.com/software/JDepend.html.

Embaralhamento

Embaralhamento é o que acontece com o código "macarrônico", feito por principiantes ou modificado sem critérios. Um sistema "embaralhado" é difícil de manter, quanto mais de estender. Alguns antipatterns (http://c2.com/cgi/wiki?Anti PatternsCatalog) típicos são:

• Spagetthi Code: http://c2.com/cgi/wiki?SpaghettiCode;

• Big Ball of Mud (grande bola de lama): http://c2.com/cgi/wiki?BigBallOfMud;

• Accidental Complexity (Complexidade acidental): http://c2.com/cgi/wiki?AccidentalComplexity.

E existem muitos mais antipatterns que resumem as práticas ruins adotadas por muitos desenvolvedores até agora.

O embaralhamento na orientação a objetos é observado por meio das dependências indesejadas.

Dependências cíclicas

Uma dependência cíclica existe se duas classes dependem uma da outra e vice-versa. O caso mais grave é quando existe uma dependência cíclica entre pacotes diferentes. Isto é ruim porque aumenta o acoplamento do sistema, podendo incorrer no efeito "dominó": uma alteração em um lado provoca alteração no outro, que provoca alteração no primeiro...

Existe um princípio, criado por Robert Martin, chamado Acyclic Dependencies Principle (princípio das dependências acíclicas) ou ADP. Ele diz que: *"A estrutura de dependências entre pacotes não pode conter dependências cíclicas"*.

Para medir as dependências cíclicas, podemos usar várias ferramentas:

• Sonar (http://docs.codehaus.org/display/SONAR/Metric+definitions#Metric definitions-Design): File Tangle / Package Tangle e Package Cycles;

• JDepend (http://clarkware.com/software/JDepend.html): Package Dependency Cicles;

• Metrics Plugin for Eclipse (http://metrics.sourceforge.net): Analisador gráfico de dependências.

O "Metrics Plugin for Eclipse" tem um analisador gráfico muito interessante que mostra o embaralhamento entre os pacotes, permitindo que você selecione os ciclos de dependências e analise em detalhes.

Violações de boas práticas

Uma abstração representa um comportamento e pode ser uma interface ou uma classe abstrata. Quando temos uma classe A que depende de uma classe B e ambas são classes concretas (contrário de abstrações), temos uma possível violação do princípio de inversão de dependências. Isto pode levar a um "embaralhamento" maior do sistema, diminuindo sua flexibilidade.

A criação de pacotes coesos e de baixo acoplamento implica no uso de várias boas práticas, e essas boas práticas são violadas constantemente na maioria dos projetos, aumentando a dívida técnica (http://martinfowler.com/bliki/TechnicalDebt.html) da equipe.

Além do **DIP** (princípio da inversão de dependências), temos que verificar a violação de alguns outros princípios:

• **REP**: The Release Reuse Equivalency Principle (princípio da equivalência entre reuso e liberação): a menor unidade de reuso é a menor unidade liberada, ou seja, não podemos reusar pedaços de um código. Ou reusamos com um pacote, que contém classes reusáveis, ou não reusamos;

• **CCP**: The Common Closure Principle (princípio do fechamento comum): as classes suscetíveis a serem alteradas em conjunto devem ser empacotadas juntas;

• **CRP**: The Common Reuse Principle (princípio do reuso comum): as classes que são reusadas em conjunto devem estar juntas no mesmo pacote;

- **SDP**: The Stable Dependencies Principle (princípio da dependência estável): a dependência deve ser na direção dos pacotes mais estáveis (veja a métrica "instabilidade"), ou seja, os pacotes instáveis devem depender de pacotes mais estáveis, e não o contrário;

- **SAP**: The Stable Abstractions Principle (princípio das abstrações estáveis): quanto mais estável um pacote é, maior o seu índice de abstração (razão entre abstrações e classes concretas);

- **LoD**: Law of Demeter (Lei de Demeter) ou "não fale com estranhos". Uma classe só deve chamar métodos de seus vizinhos, ou seja, objetos globais, objetos que recebeu como parâmetros ou objetos que você mesmo instanciou.

A violação desses princípios implica em um sistema com pacotes "embaralhados" e difíceis de manter.

Vamos rever o conceito de estabilidade:

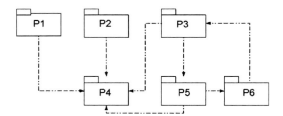

No exemplo da figura anterior, temos seis pacotes de classes (P1 a P6) e mapeamos suas dependências. Para facilitar, coloquei apenas um relacionamento de dependência de pacote para pacote, porém, na verdade, não é apenas isso, pois as classes individuais podem representar vários acoplamentos, tanto aferentes como eferentes.

Notou algum problema com o gráfico de dependências? Para começar, há uma violação do SDP (princípio da dependência estável), pois o pacote P3 depende do pacote P5, que não é estável. Ele não é mais estável que o P3, logo, estamos propagando o mesmo valor de instabilidade. Embora não seja um grande problema, deve ser analisado. A dependência deve ir na direção da estabilidade, logo, as dependências de um pacote devem ser mais estáveis que ele.

Porém, temos um problema ainda maior: a dependência cíclica entre os pacotes P3, P5 e P6.

As violações do SAP (Stable Abstractions Principle) podem ser verificadas com algumas métricas, tais como, o índice de abstração, comparadas com a estabilidade do pacote. Robert C. Martin mencionou um indicativo interessante em seu livro "Agile Software Development: Principles, Patterns, and Practices", que é a DMS (Distance from Main Sequence ou distância da sequência principal). Essa métrica estabelece uma "linha" imaginária de relacionamento, cuja fórmula é A + I = 1 (A = índice de abstração e I = instabilidade).

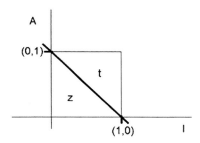

Nos extremos temos:

• Classes totalmente estáveis e abstratas (I = 0 e A = 1);
• Classes totalmente instáveis e concretas (I = 1 e A = 0);
• Classes totalmente estáveis e concretas (I = 0 e A = 0);
• Classes totalmente abstratas e instáveis (I = 1 e A = 1).

O que este relacionamento nos diz? Para começar, quanto mais abstrato um pacote é, mais estável deve ser. O ideal é que o valor da DMS (variável D) seja próximo a zero. A fórmula para calcular a DMS é: D = | A + I - 1 |

Os pacotes devem estar sobre a linha ideal, de modo a terem um bom balanceamento entre instabilidade e abstração.

Os pacotes com classes situadas na área "z" da figura são muito estáveis (baixa instabilidade) e concretos (baixa abstração), o que significa que o pacote é muito resistente à extensão e às alterações, com pouca flexibilidade.

Os valores ideais de "D" são os próximos a zero.

O princípio SAP (Stable Abstractions Principle) diz que a estabilidade e a abstração possuem uma relação direta, logo, quanto mais estável um pacote é, maior deve ser o seu índice de abstração.

Como medir isso tudo?

Realmente, medir todos esses conceitos automaticamente, com poucos falsos-positivos, é muito difícil. Podemos medir o índice de **abstração**, **instabilidade** e **DMS** (distância da sequência principal) com as ferramentas:

- JDepend (http://clarkware.com/software/JDepend.html);
- Metrics Plugin for Eclipse (http://metrics.sourceforge.net/);
- RefactorIT (http://sourceforge.net/projects/refactorit/).

O **DIP** (princípio de inversão de dependências), por exemplo, é difícil de calcular diretamente, O RefactorIT (http://sourceforge.net/projects/refactorit/) pode calcular, porém, outras ferramentas não.

Já o **CRP** (princípio do reuso comum), **CCP** (princípio do fechamento comum) e **SDP** (princípio das abstrações estáveis) podem ser deduzidos com as métricas de abstração, instabilidade e outras.

Eu mostrarei o uso de ferramentas em outro capítulo, mas vejamos alguns exemplos de como verificar as violações de alguns desses princípios usando o **RefactorIT**. Fiz um projeto simples com esta estrutura:

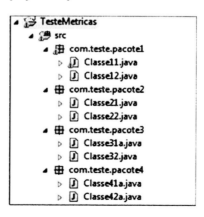

As classes "Classe11" e "Classe31a" contêm o código:

```
package com.teste.pacote1;

import com.teste.pacote2.Classe21;

public class Classe11 {
    private Classe21 c21;
    public void metodo1() {
        c21 = new Classe21();

    }
}

package com.teste.pacote3;

import com.teste.pacote4.Classe41a;

public class Classe31a {


    public void metodo1(Classe41a c41a) {

    }
}
```

Após usar a opção "Metrics" do plugin "RefactorIT", eu obtive os seguintes valores para o projeto:

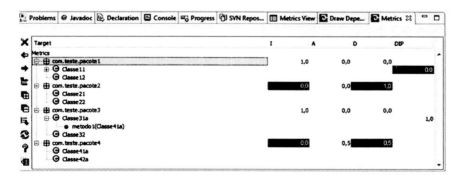

Temos pelo menos uma violação do princípio DIP, duas violações de DMS (distância da sequência principal) e duas de instabilidade. Vejamos os motivos.

98 | **Qualidade de Software na Prática**

A violação de **DIP** é por causa deste comando, da classe "Classe11":

```
c21 = new Classe21();
```

Estamos instanciando uma classe concreta, logo, estamos violando o princípio de inversão de dependências. Como resolver isto? Criando interfaces para as classes concretas e utilizando algum mecanismo de injeção de dependências, como o **Guice**, da Google (https://code.google.com/p/google-guice/).

Agora, vejamos as violações de **DMS**. A classe "Classe21" está no pacote "com.teste.pacote2" e ela está sendo utilizada pelo pacote "com.teste.pacote1" (a causa da violação de DIP). Como o pacote "com.teste.pacote2" é totalmente estável, ele deveria ser totalmente abstrato, o que não é verdade. Esta é a razão dele estar fora da linha ideal de distância da sequência principal.

Mais interessante é o que acontece no pacote "com.teste.pacote4". Ele tem duas classes: "Classe41a", abstrata, e "Classe42a", concreta. Como ele é totalmente estável, sua distância da sequência principal é calculada como 0,5, o que o coloca como suspeito.

Mas podemos deduzir outras violações? Vejamos:

• **CRP** (princípio do reuso comum) e **CCP** (princípio do fechamento comum): o pacote "com.teste.pacote2" tem duas classes e somente uma delas está sendo reusada. Será que as classes "Classe21" e "Classe11" deveriam estar no mesmo pacote? Será que as duas classes do pacote2 são relacionadas?

• **SDP** (princípio das dependências estáveis): podemos verificar se o índice de instabilidade das dependências de um pacote é menor que o próprio índice dele. Se incluirmos um método na classe "Classe21" do pacote "com.teste.pacote2", que depende da classe "Classe12" do pacote "com.teste.pacote1", criaremos esta situação, pois dependemos de um pacote mais instável (e também introduzimos uma dependência cíclica).

O princípio **LoD** (Law of Demeter) pode ser medido com o PMD (http://pmd.sourceforge.net/pmd-5.0.4).

Complexidade

Podemos medir a complexidade de um sistema com alguns critérios, como, por exemplo, a complexidade ciclomática de suas classes e métodos (http://pt.wikipedia.org/wiki/Complexidade_ciclom%C3%A1tica). Porém, existem outros critérios, tais como, a quantidade de métodos invocados depois de uma chamada a um método de determinada classe.

De qualquer forma, a alta complexidade é sempre um risco, representando uma alta dívida técnica para a equipe de manutenção.
A alta complexidade é quase sempre derivada de alguns fatores:

- **Complexidade acidental** (http://pt.wikipedia.org/wiki/Complexidade_ciclom %C3%A1tica): devido a soluções ruins ou interfaces mal desenhadas;

- **Cargo Cult Programming** (http://en.wikipedia.org/wiki/Cargo_cult_ programming): é a inclusão de um código complexo, sem qualquer propósito específico e sem compreender direito o motivo;

- **Copy and Paste Programming** (http://c2.com/cgi/wiki?CopyAnd Paste Programming): é o reuso ruim;

- **Job Keeper** (http://c2.com/cgi/wiki?JobKeeper):,a complexidade é mantida para manter o emprego da equipe;

- **Teimosia**: "eu sei o que você quer dizer, mas vou fazer do meu jeito".

Geralmente, quando recebe uma demanda, a equipe é pressionada a produzir resultados, realizando entregas. Porém, muitas vezes, entrega o sistema sem analisar a qualidade, gerando uma dívida técnica (http://martinfowler.com/bliki/ TechnicalDebt.html). Pode apostar que o código entregue possui uma alta complexidade.

Complexidade ciclomática

Já analisamos o que é e como evitar no capítulo anterior. A detecção da complexidade ciclomática é simples e todas as boas ferramentas medem com precisão:

- Sonar (http://docs.codehaus.org/display/SONAR/Metric+definitions): Complexity;

- Metrics plugin for Eclipse (http://metrics.sourceforge.net/): McCabe Cyclomatic Complexity;

- RefactorIT (http://staff.unak.is/andy/StaticAnalysis0809/metrics/ overview.html): Cyclomatic complexity.

O problema é entender qual é o valor limite!

100 | **Qualidade de Software na Prática**

Esta técnica (complexidade ciclomática) foi proposta por Thomas J. McCabe em seu trabalho de 1976: "A Complexity Measure", publicado pelo IEEE. Todos entendem os conceitos e todos sabem calcular a complexidade ciclomática, como, por exemplo, o número de caminhos básicos em um módulo de código-fonte, transformado em diagrama.

Porém, qual é o maior valor aceitável? McCabe recomendou que os programadores refatorassem os módulos de código cuja complexidade fosse maior que 10. Sabemos que, na orientação a objetos, o "módulo" ao qual McCabe se referia é um método. Logo, os métodos com complexidade acima de 10 devem ser refatorados.

Existe algum limite para as classes? As pessoas divergem muito sobre isto. É claro que você deve usar alguma heurística, tipo:

1. Pegue a média de métodos por classe;

2. Suponha um máximo de 10 por método;

3. Calcule o limite médio.

Vamos supor que temos 346 classes em nosso sistema, com uma média de quatro métodos por classe. Então, temos 4 * 10 = 40. Se uma classe tiver uma complexidade maior que 40, então,será uma candidata à refatoração. Várias ferramentas indicam o número médio de métodos por classe.

Mas, continuo a perguntar: 10 é um valor bom?

Um método com complexidade 10 teria 10 caminhos básicos a serem percorridos. De acordo com a **Lei de Miller** (http://en.wikipedia.org/wiki/The_Magical_Number_ Seven,_Plus_or_Minus_Two), os seres humanos processam (em média) algo entre $7 - 2$ e $7 + 2$ objetos simultaneamente. Logo, entender um módulo com tal complexidade estaria fora do alcance da maioria das pessoas, requerendo anotações e divisão de trabalho.

Da mesma forma, um módulo com complexidade 10 significa 10 caminhos básicos a serem testados. Além do trabalho de criar a massa de teste, temos que lidar com condições combinadas que permitam percorrer todos os caminhos. É muito difícil testar tudo.

Eu prefiro um esquema de escala, com valores para verde (até 5), amarelo (de 5 a 10) e vermelho (acima de 10), sendo que um módulo amarelo é candidato à refatoração. Eu diria que os módulos vermelhos deveriam ser refatorados imediatamente e os módulos amarelos, na primeira oportunidade possível.

Response for Class (RFC)

RFC é uma métrica frequentemente associada ao acoplamento, mas, na minha opinião, também se relaciona com a complexidade do código. Eu creio que é uma excelente maneira de medir a complexidade e o acoplamento, simultaneamente.

Essa métrica foi proposta por Chidamber & Kemerer, indicando o número de métodos que podem ser invocados (incluindo construtores) devido à chamada de um método de determinada classe. O Sonar calcula o RFC desta forma:

- +1 para cada método da classe;

- +1 para cada chamada de métodos distintos, feita pela classe (sem contar getters e setters).

A RFC pode ser calculada com várias ferramentas, entre elas:

- Sonar (http://docs.codehaus.org/display/SONAR/RFC+-+Checking +Coupling);

- RefactorIT (http://staff.unak.is/andy/StaticAnalysis0809/metrics/rfc.html).

O valor limite é muito variável. O RefactorIT recomenda até 50 por classe. Eu considero um valor muito alto e prefiro até 30 por classe.

Um valor maior que o limite indica uma classe muito complexa e com alto acoplamento.

Cobertura dos testes

Eu considero a "cobertura dos testes" tão importante, que a classifico em uma categoria à parte, apesar de estar dentro da "confiabilidade do código".

A cobertura dos testes indica o quão testado foi o código-fonte e quais os resultados desse teste.

Existem várias ferramentas que verificam a cobertura do teste, entre elas:

- Sonar (http://docs.codehaus.org/display/SONAR/Cobertura+Plugin), com o plugin "Cobertura" ou "Jacoco";

- Jacoco (http://www.eclemma.org/jacoco/);

- Clover (http://www.atlassian.com/software/clover/overview).

102 | **Qualidade de Software na Prática**

A cobertura de testes pode ser verificada e quantificada por:

- Function coverage: se cada função do programa foi invocada;
- Statement coverage: se cada comando foi executado;
- Decision coverage: se cada aresta (caminho de IF e CASE) foi executada;
- Condition coverage: se cada expressão condicional foi avaliada como verdadeira ou falsa;
- State coverage: se cada estado (considerando uma máquina de estados) foi alcançado;
- Parameter Value Coverage: se todos os valores comuns para uma combinação de parâmetros foram considerados.

Normalmente, as ferramentas apresentam estes resultados como percentual, por exemplo, o percentual de linhas, de comandos e de ramificações executadas.

Ok, mas qual seria um valor aceitável? Nós devemos perseguir 100% em cada classe. Só que isto pode ser impraticável ou mesmo indesejável. Algumas classes não precisam (ou não podem) ser 100% testadas com um custo razoável. Um exemplo são as classes geradas por frameworks. Não vamos manter este código-fonte e sempre vamos regerar, logo, temos que confiar no código gerado. Exemplo: classes criadas pelas ferramentas MDA.

O que fica "de fora"

Muitos programadores esquecem de testar todas as ramificações possíveis e um grande exemplo disto são as exceções. É necessário saber como a unidade se comportará e como as outras reagirão na presença de uma exceção. Outra coisa muito comum é a falta de testes de domínio de valores, de nulos etc.

Outras classes que costumam ser deixadas de lado são as classes específicas da UI (interface do usuário), como, por exemplo, JFrames e ManagedBeans. Os programadores alegam que não podem testar essas classes programaticamente e que isto ficará a cargo dos testadores funcionais.

Na minha opinião, temos que testar as exceções e as faixas de valores, e temos que testar as classes de UI também. Existem várias ferramentas que permitem testar programaticamente as interfaces de usuário.

Qual é o índice de cobertura ideal?

Bem, sem dúvida alguma é 100%, embora nem sempre seja possível ou economicamente viável manter a cobertura total por testes.

A principal causa para a baixa cobertura é uma massa de teste insuficiente para cobrir todos os caminhos básicos. E a razão disto acontecer é a alta complexidade ciclomática do módulo a ser testado. Outras causas de baixa cobertura são:

• Caminhos de exceção sem teste. Devemos simular as exceções, até para saber como o teste de integração se comporta;

• Classes de UI sem teste. É possível testarmos até mesmo nossas classes de interface do usuário;

• Testes ineficazes. O sistema pode estar recheado de testes JUnit e, mesmo assim, apresentar baixa cobertura. É preciso dar aos testes a mesma atenção que se dá ao código-fonte principal;

• Falta de testes. Alguns testes importantes ficam na máquina do desenvolvedor e são ignorados pela equipe.

O importante é que o percentual não coberto pelos testes representa um risco e deve ser testado manualmente.

Isso me lembra uma história recente... Havia um sistema que foi construído seguindo todas as boas práticas possíveis. Os desenvolvedores eram jovens e cheios de energia, recheados de conceitos de faculdade, cheios de siglas e jargões. Bem, o tal sistema apresentava uma boa cobertura de código, porém, falhou escandalosamente porque um usuário desavisado digitou um valor inesperado ao realizar uma transação.

Moral da história: teste sempre os limites! Verifique o que o sistema faz frente a valores inesperados.

Quer ver uma das maiores causas de problemas de valores? É o nosso conhecido "null"! Sim, os desenvolvedores Java têm uma relação bem íntima com o "null" e, em alguns casos, ele é um valor de retorno válido. Gente, "null" é ambíguo! Não deveria ser um valor esperado para nada! O Guava (http://code.google.com/p/guava-libraries/wiki/UsingAndAvoidingNullExplained) da Google ajuda a resolver esse problema com a classe "Optional".

104 | Qualidade de Software na Prática

De qualquer forma, um código que esteja com menos de 80% de cobertura é um grande risco e a equipe deveria investir em introduzir mais testes ou melhorar sua qualidade. Não que 80% sejam ideais, mas é um limite, pois podemos aceitar o risco de testar os outros 20% manualmente.

Capítulo 5
Ferramentas para Avaliar Código-Fonte

A dívida técnica pode ser enormemente reduzida, se avaliarmos constantemente o código-fonte. E isto pode ser feito até pelo próprio desenvolvedor, em seu ambiente de trabalho. O ideal é avaliar em várias etapas do processo de desenvolvimento, e de forma contínua, analisando a evolução de forma qualitativa.

Felizmente, existe uma vasta gama de ferramentas, a maioria gratuita, que nos permitem realizar a análise em vários níveis e em momentos diferentes do processo de desenvolvimento.

Plugins para IDE

Sem dúvida, o uso de "plugins" (aplicativos atrelados à API de algum produto) para as IDEs (Integrated Development Environment) são muito eficazes, pois podem ser facilmente executados pelos Desenvolvedores e, em alguns casos, geram alertas visuais difíceis de ignorar.

As IDEs mais famosas para plataforma Java são: Eclipse (www.eclipse.org) e NetBeans (www.netbeans.org), embora existam outras IDEs, até mesmo comerciais, como: IntelliJ IDEA (http://www.jetbrains.com/idea/). Eu, pessoalmente, utilizo Eclipse no meu dia a dia, mas vou mostrar alguns plugins que podem ser executados no NetBeans.

E o .NET?

Como eu esclareci na Introdução do Livro, eu vou me concentrar na aplicação das ferramentas em Java. Existem diversos "plugins" para Visual Studio, da Microsoft, além de várias ferramentas "stand alone".

Eclipse

Sem dúvida alguma, o Eclipse é a IDE mais utilizada para plataforma Java. É difícil encontrar uma comparação, mas o site Zero Turnaround (http://zeroturnaround.com/java-ee-productivity-report-2011/#ides) tem uma pesquisa (Outubro de 2011), que indica que o Eclipse é a IDE mais popular.

O Desenvolvedor fica com "a cara enfiada" no Eclipse o dia inteiro, e pode facilmente analisar e consultar os resultados da qualidade do seu código fonte.

Metrics Plugin for Eclipse

É fácil de instalar, simples de utilizar e dá relatórios bem interessantes.

• Referência e documentação: http://metrics.sourceforge.net/

• Update site: http://metrics.sourceforge.net/update

• Gratuito

Após instalarmos o "Metrics", passamos a ter uma nova propriedade em nossos projetos, que nos permitirá ativar ou não a análise automática em um projeto Java:

Capítulo 5 - Ferramentas para Avaliar Código-Fonte | 107

Ao ativarmos as métricas em um projeto, poderemos utilizar as visões que o plugin disponibiliza para nós:

• **Metrics view**: a lista, em forma de tabela, das violações encontradas no Projeto ou no item selecionado;

• **Layered package table view**: a lista de pacotes, organizados em camadas, encontrados no projeto;

• **Dependency graph view:** mostra o gráfico de dependências entre os pacotes, indicando também se há dependências cíclicas;

• **Layered package graph view:** mostra a relação entre as camadas de pacotes, em forma hierárquica.

Vamos ver um exemplo de uso da "Metrics View". Eu analisei uma classe que contém diversos problemas de qualidade:

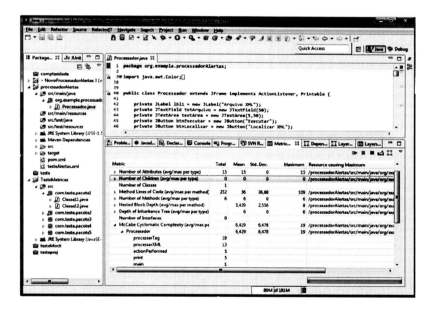

Talvez fique pequeno para visualizar na figura, mas temos duas violações, nas quais podemos fazer um "drill-down" e chegar até aos métodos. Neste caso, temos duas violações:

Qualidade de Software na Prática

- **Nested Block Depth**: a profundidade do "aninhamento" de blocos de comandos. Isto acontece quando temos vários níveis de aninhamento de comandos, dentro de comandos. Por exemplo, ninhos de "if", dentro de blocos "for", dentro de outros blocos ("for/while") etc. Quanto maior a profundidade, mais difícil de manter o código será. O valor limite é de 8 níveis;

- **McCabe Cyclomatic Complexity**: métodos com complexidade maior que o limite estabelecido por McCabe (10). Ele também avalia por pacote e por classe;

Vamos ver agora dois exemplos de lista de pacotes. Primeiro, vamos ver um sistema que está dentro das boas práticas:

Layer	Package	Dependent Packages
4	org.example.novoprocessadoralertas.presentation	org.apache.log4j, org.example.novoprocessadoralertas, org.example.…
4	org.example.novoprocessadoralertas.test	org.example.novoprocessadoralertas, org.example.novoprocessadora
3	org.example.novoprocessadoralertas.business.impl	org.apache.log4j, org.example.novoprocessadoralertas, org.example.…
3	org.example.novoprocessadoralertas.persistence.impl	org.apache.log4j, org.example.novoprocessadoralertas, org.example.…
2	org.example.novoprocessadoralertas.business	org.example.novoprocessadoralertas
2	org.example.novoprocessadoralertas.persistence	org.example.novoprocessadoralertas
1	org.example.novoprocessadoralertas	org.jvnet.hyperjaxb3.xml.bind.annotation.adapters, org.jvnet.jaxb2_cc
1	org.example.novoprocessadoralertas.report.impl	org.apache.fop.apps, org.apache.log4j, org.example.novoprocessado
0	org.example.novoprocessadoralertas.report	
EXTERNAL		
0	org.apache.fop.apps	
0	org.apache.log4j	
0	org.junit	
0	org.junit.Assert	

O "Metrics" analisou o sistema e descobriu quatro camadas de pacotes, mostrando-as na visão "Layered package table view" e podemos ver sua relação de dependência na visão "Dependency graph view":

Vemos que há uma estrutura organizada de dependências entre pacotes, sem ocorrência de dependências cíclicas.

Agora, vamos ver um sistema que foi projetado de forma ruim:

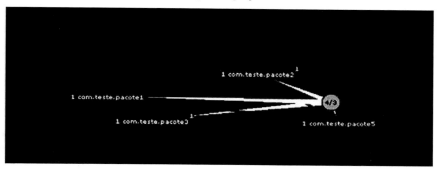

Os pacotes estão com dependências cíclicas, o que impede a análise das camadas do software.

Também podemos configurar os limites das várias métricas, bastando, para isto, basta abrir a janela "Window / Preferences" e selecionar "Metrics preferences":

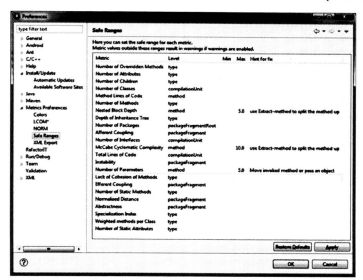

Podemos configurar faixas de valores e até mesmo a "dica" para refatoração.

RefactorIT for eclipse

O RefactorIT é um plugin excelente, pois mostra métricas mais voltadas para o projeto, como as que indicam mais claramente as violações de princípios de projeto orientado a objetos.

- Referência e documentação: http://staff.unak.is/andy/StaticAnalysis0809/metrics/overview.html
- Site para download: http://sourceforge.net/projects/refactorit/ (baixe e descompacte na instalação do Eclipse)
- Gratuito

O RefactorIT é um bom plugin, embora seja um pouco pesado, e apresente alguns problemas com versões mais novas do Eclipse. Ele nos fornece métricas mais avançadas, que permitem avaliar até o projeto e a arquitetura do sistema.

Ele nos fornece algumas visões importantes:

- Metrics: a lista de todas as métricas com os valores encontrados e as violações;
- Draw dependencies: cria um gráfico com as dependências entre pacotes, mostrando se existem dependências cíclicas. Permite chegar até o nível de detalhe de classes;
- Audit: nos fornece uma lista de problemas e sugere correções.

Depois de instalar o RefactorIT, aparece a opção "RefactorIT", no menu de contexto do projeto, no Eclipse. Para rodar métricas, basta clicar com o botão direito no elemento (Projeto, Pacote ou Classe) e selecionar "RefactorIT", escolhendo a opção desejada.

Uma análise de métricas, em uma classe especialmente ruim, revelou o seguinte:

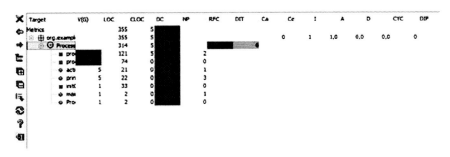

Capítulo 5 - Ferramentas para Avaliar Código-Fonte

Baixa densidade de comentários (DC), indicando que o código não está bem documentado, além de um valor de RFC muito alto (75), e de complexidade ciclomática (V(G)) acima do aceitável (19 e 13).

Ao selecionar a opção "Metrics", podemos selecionar quais métricas desejamos ver:

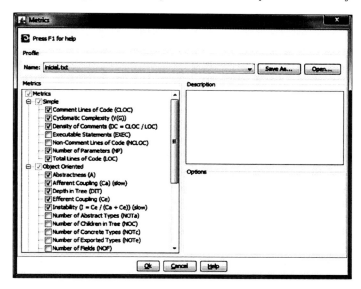

Além de selecionar, podemos salvar o conjunto selecionado em um arquivo, evitando este trabalho. Podemos até estabelecer valores limites na hora da seleção.

A visão "Draw dependencies" é fantástica, pois permite ver com clareza a estrutura de dependências, nos possibilitando idendificar ciclos rapidamente:

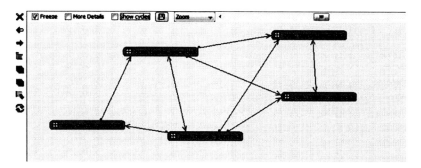

Finalmente, vamos ver a visão "audit", que, além de apontar os problemas, indica possíveis soluções. Primeiramente, vamos rodar com uma classe considerada ruim:

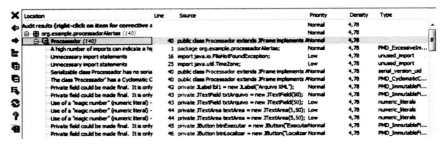

Temos aqui várias violações encontradas na auditoria. Podemos clicar com o botão direito sobre a classe e ver várias categorias de violações, e, para cada uma, podemos ver a refatoração necessária:

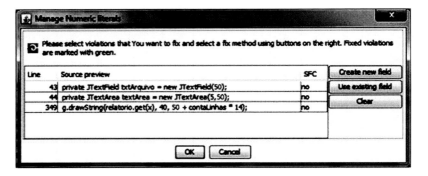

Neste caso, ele sugere criarmos variáveis para substituir os "números mágicos" que existem no código-fonte.

Mais do que apontar os problemas, o RefactorIT pode fazer algumas refatorações no código para nós, o que é bem interessante e poupa tempo.

NetBeans

O NetBeans é uma IDE muito interessante. É fácil de usar e bem completa, não devendo nada ao Eclipse. Na verdade, eu uso NetBeans em muitos projetos.

Existem alguns plugins interessantes para NetBeans, e vamos ver alguns deles.

PMD

Ele executa a verificação de regras do PMD e pode ser instalado a partir da biblioteca de plugins do NetBeans (Ferramentas / Plugins), procurando por "PMD".

Uma vez instalado, ele pode ser acionado através do menu "Ferramentas / Run PMD" e marca no código-fonte todas as violações encontradas, por exemplo:

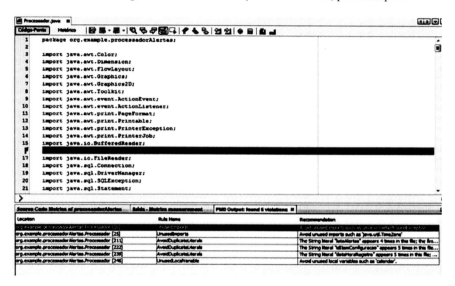

Source Code Metrics

Este é um plugin bem interessante e parece com o "Metrics Plugin for Eclipse".

• Referência e documentação: http://plugins.netbeans.org/plugin/42970/

• Site para download: https://source-code-metrics.googlecode.com/files/SourceCodeMetrics.nbm

• Gratuito

Para instalar o plugin, abra "Ferramentas / Plugins" e selecione "Obtidos por Download", apontando o arquivo ".nbm".

Para executar o "Source Code Metrics" é só selecionar o projeto, com o botão direito, e selecioná-lo no menu de contexto. Aparecerá uma visão "Metrics Measurement", com os resultados:

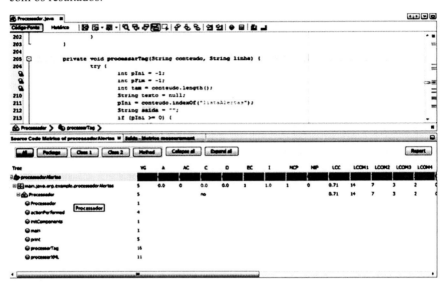

Na figura, vemos que o método "processarTag" está apresentando complexidade (V(G)) acima de 10, assim como o método "processarXML".

Ferramentas "Stand-alone"

Muitas ferramentas podem ser executadas sem qualquer relação com IDEs, embora seja mais complicado e menos intuitivo para os programadores, facilitam a análise por outros profissionais de qualidade de código.

Eu, particularmente, gosto muito do JDepend pois posso executá-lo sem necessidade de instalar mais nada, por exemplo, diretamente a partir de um pen-drive.

JDepend

JDepend é uma ferramenta séria e confiável, e pode ser executada diretamente na linha de comandos, dando resultados bem interessantes.

Capítulo 5 - Ferramentas para Avaliar Código-Fonte | 115

- Referência e documentação: http://clarkware.com/software/JDepend.html
- Site para download: http://clarkware.com/software/JDepend.html#download
- Gratuito

Depois de baixar o ZIP, descompacte-o para um diretório, que vamos chamar de "JDEPEND-HOME". Para executar:

- Compile com o comando "ant package";
- Altere o "classpath" para incluir o JAR:
- Windows: set CLASSPATH=%CLASSPATH%;%JDEPEND_HOME% \lib\ jdepend-<version>.jar
- Unix like: set CLASSPATH=$CLASSPATH:$JDEPEND_HOME\lib\jdepend-<version>.jar
- Execute o comando: java java jdepend.swingui.JDepend <diretório das classes>

Por exemplo, vou analisar todas as classes que estão no diretório: "C:\projetos\WS\teste\TesteMetricas\bin", então abro um prompt de comandos (ou terminal) e digito:

```
java jdepend.swingui.JDepend C:\projetos\WS\teste\Teste
Metricas\bin
```

E o resultado aparece em uma janela Swing:

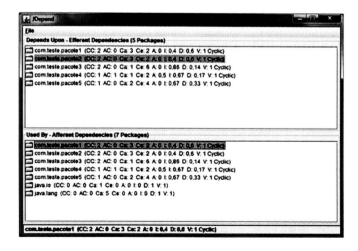

Não precisamos nos esforçar muito para ver que todos os pacotes apresentam dependências cíclicas, que é o maior problema deste projeto exemplo. O JDepend analisa os arquivos compilados (.class).

As métricas que o JDepend analisa são:

• **Dependências cíclicas** (ou circulares): mostrado em cada linha de análise de pacote;

• **Concrete Classes (CC)**: número de classes concretas em um pacote;

• **Abstract Classes (AC)**: número de classes abstratas e interfaces em um pacote;

• **Afferent Couplings (Ca)**: número de pacotes que dependem de classes dentro de determinado pacote;

• **Efferent Couplings (Ce)**: número de pacotes dos quais as classes de determinado pacote dependem;

• **Abstractness (A)**: razão entre a quantidade de classes abstratas (e interfaces) em um pacote em relação à quantidade total de classes do mesmo. Varia de zero até um, significando, respectivamente, um pacote totalmente concreto até um pacote completamente abstrato;

• **Instability (I)**: a razão entre acoplamentos eferentes (Ce) e o total de acoplamentos (Ce + Ca). A instabilidade (I) é calculada desta forma: I = Ce / (Ce + Ca). Significa a suscetibilidade que o pacote tem a mudanças, sendo que zero significa totalmente estável e 1 (um) totalmente instável;

• **Distance from the Main Sequence (D)**: o princípio SAP (Stable Abstractions Principle – princípio das Abstrações estáveis) diz que quanto mais abstrato um pacote, mais estável deve ser. Com isto, é criada uma linha imaginária ("main sequence", ou sequência principal), cuja fórmula é: A + I = 1. Todas as classes fora desta linha, possivelmente violam este princípio. Seu valor é entre zero e 1 (um), significando, respectivamente, coincidência total com a sequência principal, e totalmente fora da sequência principal;

Podemos configurar o JDepend através do arquivo "jdepend.properties". Uma das configurações possíveis é informar quais pacotes são voláteis ("V=1") ou não ("V=0"). Se um pacote é marcado como não sendo volátil, então ele sempre será considerado como dentro da sequência principal (D=0).

Devemos nos lembrar que o JDepend serve para analisar o projeto de um software, mais voltado aos pacotes, e não as classes individuais. Ele nos permite avaliar os princípios:

Capítulo 5 - Ferramentas para Avaliar Código-Fonte | **117**

• **REP**: The Release Reuse Equivalency Principle (princípio da Equivalência entre reúso e liberação): a menor unidade de reuso é a menor unidade liberada, ou seja, não podemos reusar pedaços de um código. Ou reusamos através de um pacote, que contenha classes reusáveis, ou não reusamos;

• **CCP**: The Common Closure Principle (princípio do Fechamento Comum): classes suscetíveis a serem alteradas em conjunto, devem ser empacotadas juntas;

• **CRP**: The Common Reuse Principle (princípio do reuso comum): classes que são reusadas em conjunto, devem estar juntas no mesmo pacote;

• **SDP**: The Stable Dependencies Principle (princípio da Dependência Estável): a dependência deve ser na direção dos pacotes mais estáveis (veja a métrica "instabilidade"), ou seja, pacotes instáveis devem depender de pacotes mais estáveis e não ao contrário;

• **SAP**: The Stable Abstractions Principle (princípio das Abstrações Estáveis): quanto mais estável um pacote é, maior o seu índice de abstração (razão entre abstrações e classes concretas).

PMD

O PMD é uma das mais famosas ferramentas de análise de código, e o avalia segundo seu banco de regras.

• Referência e documentação: http://pmd.sourceforge.net/pmd-5.0.4/

• Site para download: https://sourceforge.net/projects/pmd/files/

• Gratuito

O PMD tem vários conjuntos de regras e podemos estabelecer quais conjuntos desejamos utilizar em cada análise. Também podemos especificar o formato do relatório gerado: HTML, TEXT, XML etc.

Vamos analisar uma classe com PMD. Digite no prompt de comandos (Windows):

```
pmd ^
-d C:\projetos\WS\teste\processadorAlertas\src\main\java ^
-f text ^
-language java ^
-rulesets rulesets/java/basic.xml,rulesets/java/
codesize.xml
```

118 | **Qualidade de Software na Prática**

Se estiver utilizando algum tipo de Unix (Linux, Mac OSX etc), use:

```
./pmd.sh \
-d /home/user/projetos/WS/teste/processadorAlertas/src/
main/java \
-f text \
-language java \
-rulesets rulesets/java/basic.xml,rulesets/java/
codesize.xml
```

Eu pedi um relatório em formato textual, e pedi para analisar dois conjuntos de regras: básico e tamanho de código. Eis o resultado:

```
C:\projetos\WS\teste\processadorAlertas\src\main\java\org\
example\processadorAlertas\Processador.java:40: The class
'Processador' has a Cyclomatic Complexity of 6 (Highest = 17).
C:\projetos\WS\teste\processadorAlertas\src\main\java\org\example\
processadorAlertas\Processador.java:120: An empty statement
(semicolon) not part of a loop
C:\projetos\WS\teste\processadorAlertas\src\main\java\org\example\
processadorAlertas\Processador.java:128: The method
'processarXML' has a Cyclomatic Complexity of 13.
C:\projetos\WS\teste\processadorAlertas\src\main\java\org\example\
processadorAlertas\Processador.java:205: Avoid really long
methods.
C:\projetos\WS\teste\processadorAlertas\src\main\java\org\example\
processadorAlertas\Processador.java:205: The method
'processarTag' has a Cyclomatic Complexity of 17.
```

Ele apontou diversos problemas em nosso código. Se usarmos outro conjunto de regras, podemos ver mais violações:

```
pmd ^
-d C:\projetos\WS\teste\processadorAlertas\src\main\java ^
-f text ^
-language java ^
-rulesets rulesets/java/coupling.xml
```

Estamos pedindo para analisar o acoplamento do nosso código. Eis o resultado:

```
C:\projetos\WS\teste\processadorAlertas\src\main\java\org\example\
processadorAlertas\Processador.java:1: A high number of imports
can indicate a high degree of coupling wi
```

```
C:\projetos\WS\teste\processadorAlertas\src\main\java\org\example\
processadorAlertas\Processador.java:78: Potential violation of
Law of Demeter (method chain calls)
    C:\projetos\WS\teste\processadorAlertas\src\main\java\org\example\
processadorAlertas\Processador.java:105: Potential violation of
Law of Demeter (method chain calls)
    C:\projetos\WS\teste\processadorAlertas\src\main\java\org\example\
processadorAlertas\Processador.java:106: Potential violation of
Law of Demeter (method chain calls)
    C:\projetos\WS\teste\processadorAlertas\src\main\java\org\example\
processadorAlertas\Processador.java:115: Potential violation of
Law of Demeter (object not created locally)
```

Vemos algumas possíveis violações do proncípio LoD (Law of Demeter: "não converse com estranhos").

CheckStyle

Esta ferramenta é mais voltada a padrões de codificação, embora pegue problemas muito importantes para redução da dívida técnica.

- Referência e documentação: http://checkstyle.sourceforge.net/
- Site para download: http://sourceforge.net/projects/checkstyle/?source=dlp
- Gratuito

120 | **Qualidade de Software na Prática**

O CheckStyle é muito difícil de configurar e utilizar como ferramenta "stand-alone", sendo melhor utilizá-lo de outras formas (plugin Maven ou através do Sonar).

Para começar, temos que criar um arquivo XML contendo os módulos que queremos utilizar, por exemplo:

```xml
<?xml version="1.0"?>
<!DOCTYPE module PUBLIC
        "-//Puppy Crawl//DTD Check Configuration 1.3//EN"
        "http://www.puppycrawl.com/dtds/configuration
_1_3.dtd">

<module name="Checker">
    <module name="JavadocPackage"/>

    <module name="TreeWalker">
    <module name="AvoidStarImport"/>
    <module name="ConstantName"/>
    <module name="EmptyBlock"/>
    </module>

    <module name="JavadocPackage">
        <property name="allowLegacy" value="false"/>
    </module>

    <module name="Translation">
        <property name="severity" value="${translation
.severity}"/>
    </module>

    <module name="FileTabCharacter">
        <property name="eachLine" value="false"/>
    </module>

    <module name="FileLength">
        <property name="fileExtensions" value="java"/>
    </module>

    <module name="NewlineAtEndOfFile"/>

    <module name="FileLength">
        <property name="fileExtensions" value="java"/>
    </module>
</module>
```

Capítulo 5 - Ferramentas para Avaliar Código-Fonte | **121**

Este arquivo indica quais módulos e sub módulos desejamos utilizar e a configuração é muito problemática. Tem uma página de ajuda em: http://checkstyle.sourceforge.net/availablechecks.html.

Para executar o CheckStyle podemos invocar usar o comando (Windows):

```
java -jar -Dtranslation.severity=warning checkstyle-5.6-all.jar ^
com.puppycrawl.tools.checkstyle.Main ^
-c checks.xml -f plain ^
C:\projetos\WS\teste\processadorAlertas\src\main\java\org\example\
processadorAlertas\processador.java
```

```
Ou em qualquer "Unix" like:
java -jar -Dtranslation.severity=warning checkstyle-5.6-all.jar \
com.puppycrawl.tools.checkstyle.Main \
-c checks.xml -f plain \
/home/user/processadorAlertas/src/main/java/org/example/
processadorAlertas/processador.java
```

Neste caso, o relatório gerado foi simples:

```
Starting audit...
C:\projetos\WS\teste\processadorAlertas\src\main\java\org\example\
processadorAlertas\processador.java:0: Missing package-info.java
file.
C:\projetos\WS\teste\processadorAlertas\src\main\java\org\example\
processadorAlertas\processador.java:41:1: File contains tab
characters (this is the first instance).
Audit done.
```

É claro que eu posso criar outras regras e ter mais resultados, porém isto mostra o objetivo do CheckStyle, que é validar regras de formatação de código.

FindBugs

O FindBugs é a última ferramenta "stand-alone" que vou mostrar. Eu recomendo fortemente que você não execute estas ferramentas (PMD, CheckStyle e FindBugs) desta forma, pois existem "plugins" para Maven e Sonar, que facilitam muito o seu uso.

• Referência e documentação: http://findbugs.sourceforge.net/

• Site para download: http://sourceforge.net/projects/findbugs/?source=dlp

• Gratuito

O FindBugs é bem mais fácil de usar do que os outros dois (PMD e CheckStyle), sendo mais elegante também. Ele foi criado pela Universidade de Maryland, nos Estados Unidos, e serve para descobrir falhas de codificação em software Java.

Para instalar o FindBugs é só baixar e descompactar. Depois, vá até a pasta "bin" e execute o arquivo "findbugs.bat", para Windows, ou "findbugs", para Linux. Você tem que criar um novo projeto, informando onde encontrar as classes e os arquivos-fonte:

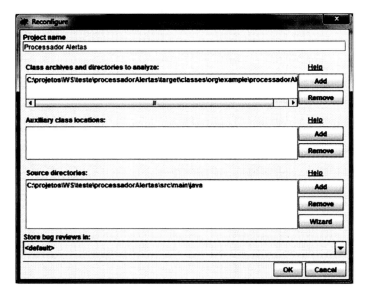

No campo "Class archives and directories to analyse", temos que informar quais são os arquivos JAR e diretórios onde as classes compiladas estão. Note que, se informarmos diretórios, devem ser os diretórios que contém os arquivos ".class", e não o diretório "src".

Já no campo "Source directories" podemos informar o diretório "pai", que pode ser: "src", ou "src/main/java", no caso de projetos Maven.

Peguei a mesma classe ruim dos outros exemplos e rodei uma análise no FindBugs:

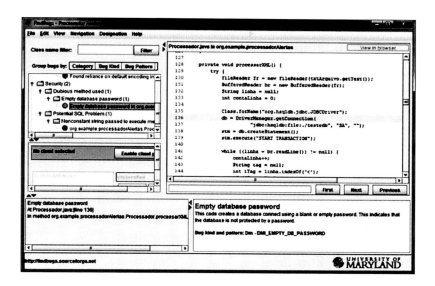

Ele mostrou vários problemas, inclusive um problema sério de segurança: meu banco de dados está utilizando senha vazia! Note que os problemas são marcados por categoria, subcategoria e item. E o código-fonte é exibido ao lado.

Plugins para Maven

O Maven é a ferramenta de "build" mais útil que eu conheço, e uma das mais utilizadas em grandes empresas. Além de compilar o código, sua arquitetura flexível, baseada em plugins, porém com uma interface padronizada, facilita muito a localização de dependências.

Devido à sua flexibilidade, vários plugins foram criados para o Maven. Existem plugins para todo tipo de coisa, até mesmo para análise de código.

Note que até agora não falei sobre ferramentas para avaliação de cobertura de testes, pois eu quero utilizar plugins Maven para isto.

Se você não conhece Maven, eu recomendaria a leitura do meu outro livro: "Guia de Campo do Bom Programador" (http://www.obomprogramador.com), no qual eu explico seu uso.

Configurando plugins

Para encontrar a última versão de qualquer plugin maven, acesse: "http://mvnrepository.com" e pesquise o "artifactId". Ao escolher a versão, a configuração do pom.xml é mostrada.

Os plugins de validação podem ser configurados no tag "reporting" (http://maven.apache.org/pom.html#Reporting), do arquivo "pom.xml" do projeto. Estes plugins são executados na fase "site" ("mvn site") do "build". Eis a configuração para usar o "CheckStyle":

```xml
<project xmlns="http://maven.apache.org/POM/4.0.0"
xmlns:xsi="http://www.w3.org/2001/XMLSchema-instance"
xsi:schemaLocation="http://maven.apache.org/POM/4.0.0 http://
maven.apache.org/xsd/maven-4.0.0.xsd">

    <modelVersion>4.0.0</modelVersion>
    <groupId>org.example</groupId>
    <artifactId>processadorAlertas</artifactId>
    <version>0.0.1-SNAPSHOT</version>
    <name>Processador</name>
        <dependencies>
            <dependency>
                <groupId>org.hsqldb</groupId>
                <artifactId>hsqldb</artifactId>
                <version>2.2.9</version>
            </dependency>
        </dependencies>

    <reporting>
        <plugins>
            <plugin>
            <groupId>org.apache.maven.plugins</groupId>
            <artifactId>maven-checkstyle-plugin</artifactId>
            <version>2.10</version>
            </plugin>
        </plugins>
    </reporting>

</project>
```

Após rodar o comando "mvn site", eu posso abrir a página "index.html", que fica na pasta "target/site" do projeto. Dentro do site do projeto, eu posso expandir a opção "project reports" e o ver o relatório do "CheckStyle":

Details

org/example/processadorAlertas/Processador.java

Violation	Message	Line
⊙	Missing package-info.java file.	0
⊙	Unused import - java.io.FileNotFoundException.	16
⊙	Unused import - java.util.TimeZone.	25
⊙	Missing a Javadoc comment.	40
⊙	Line has trailing spaces.	41
⊙	Line contains a tab character.	41
⊙	Line contains a tab character.	42
⊙	Missing a Javadoc comment.	42
⊙	Line contains a tab character.	43
⊙	Missing a Javadoc comment.	43
⊙	'50' is a magic number.	43
⊙	Line contains a tab character.	44
⊙	Missing a Javadoc comment.	44
⊙	'5' is a magic number.	44
⊙	',' is not followed by whitespace.	44

Agora, vou configurar mais plugins: **PMD**, **CheckStyle** e **FindBugs**:

```xml
<reporting>
        <plugins>
            <plugin>
        <groupId>org.apache.maven.plugins</groupId>
        <artifactId>maven-checkstyle-plugin</artifactId>
        <version>2.10</version>
        </plugin>
            <plugin>
        <groupId>org.apache.maven.plugins</groupId>
        <artifactId>maven-pmd-plugin</artifactId>
        <version>3.0.1</version>
        </plugin>
            <plugin>
        <groupId>org.codehaus.mojo</groupId>
        <artifactId>findbugs-maven-plugin</artifactId>
        <version>2.5.2</version>
        </plugin>
        </plugins>
    </reporting>
```

E eis o resultado geral:

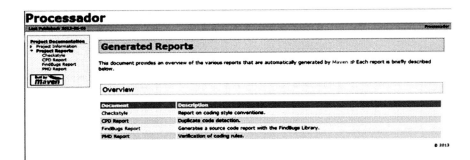

Tenho vários relatórios gerados, inclusive o CPD (duplicidade de código). Vamos ver um exemplo:

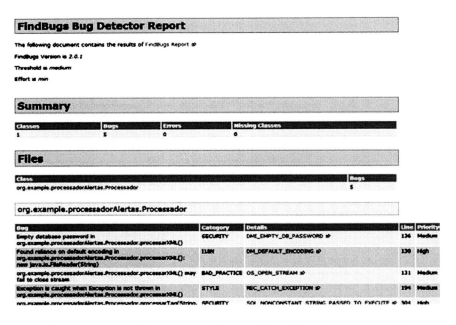

O uso de plugins Maven para analisar o código é bem interessante, até porque podemos configurar a geração do "site" em um servidor compartilhado, permitindo que os "builds" de integração gerem relatórios para a equipe analisar. Para isto, você tem que ter um servidor web, como o Apache, configurado para aceitar WebDAV. Depois:

Capítulo 5 - Ferramentas para Avaliar Código-Fonte | 127

- Configure o site no tag "distributionManagement";
- Configure a autenticação WebDAV no arquivo "settings.xml", do Maven;
- Rode o alvo: "mvn site:deploy".

Agora, os relatórios estão à disposição da equipe, sendo acessados através de um navegador Web.

JDepend

Existe um plugin muito bom para o JDepend no Maven. Basta configurar seu "pom.xml" com ele:

```
<reporting>
    <plugins>
        <plugin>
            <groupId>org.codehaus.mojo</groupId>
            <artifactId>cobertura-maven-plugin</
artifactId>
            <version>2.5.1</version>
        </plugin>
        <plugin>
            <groupId>org.codehaus.mojo</groupId>
            <artifactId>jdepend-maven-plugin</
artifactId>
            <version>2.0-beta-2</version>
        </plugin>
        <plugin>
            <groupId>org.apache.maven.plugins</
groupId>
            <artifactId>maven-checkstyle-plugin</
artifactId>
            <version>2.10</version>
        </plugin>
    </plugins>
</reporting>
```

O resultado é bem interessante, pois o JDepend nos permite validar alguns princípios de Projeto OO, como: SDP, SAP e Distância da Sequência Principal. Eis o resultado:

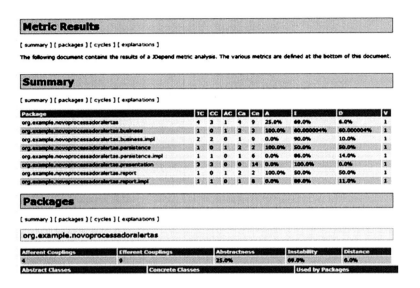

Vamos pacotes com distância maior que 0,60, significando que estão muito longe da medida de Distância da Sequência principal, violando o princípio **SAP** (Stable Abstractions Principle).

Cobertura de testes

Até agora, só fizemos análise estática, ou seja, com o código "parado". Chegou o momento de analisarmos a cobertura de testes, e, para isto, existem plugins Maven muito bons.

Cobertura

Cobertura é uma ferramenta para verificação de índice de cobertura de testes, e pode ser executada tanto "stand-alone", como dentro do Maven. Se você quiser baixar a ferramenta "stand-alone", acesse a URL: "http://cobertura.sourceforge.net/".

No Maven é mais simples, bastando configurar o plugin na seção "reporting":

```
<project>
  ...
  <reporting>
    <plugins>
```

Capítulo 5 - Ferramentas para Avaliar Código-Fonte | **129**

```
...
  <plugin>
    <groupId>org.codehaus.mojo</groupId>
    <artifactId>cobertura-maven-plugin</artifactId>
    <version>2.5.2</version>
  </plugin>
  </plugins>
  </reporting>
</project>
```

Vamos configurar um projeto para mostrar a cobertura. Eis o "pom.xml":

```
<project xmlns="http://maven.apache.org/POM/4.0.0"
xmlns:xsi="http://www.w3.org/2001/XMLSchema-instance"
xsi:schemaLocation="http://maven.apache.org/POM/4.0.0 http://
maven.apache.org/xsd/maven-4.0.0.xsd">
    <modelVersion>4.0.0</modelVersion>
    <groupId>org.example</groupId>
    <artifactId>processadorAlertas</artifactId>
    <version>0.0.1-SNAPSHOT</version>
    <name>Processador</name>

    <dependencies>
        <dependency>
            <groupId>org.hsqldb</groupId>
            <artifactId>hsqldb</artifactId>
            <version>2.2.9</version>
        </dependency>
    </dependencies>


        <reporting>
            <plugins>
                <plugin>
            <groupId>org.apache.maven.plugins</groupId>
            <artifactId>maven-checkstyle-plugin</artifactId>
            <version>2.10</version>
            </plugin>
                <plugin>
            <groupId>org.apache.maven.plugins</groupId>
            <artifactId>maven-pmd-plugin</artifactId>
            <version>3.0.1</version>
            </plugin>
                <plugin>
            <groupId>org.codehaus.mojo</groupId>
```

130 | Qualidade de Software na Prática

```xml
      <artifactId>findbugs-maven-plugin</artifactId>
      <version>2.5.2</version>
    </plugin>
    <plugin>
      <groupId>org.codehaus.mojo</groupId>
      <artifactId>cobertura-maven-plugin</artifactId>
      <version>2.5.2</version>
    </plugin>

    </plugins>
  </reporting>

</project>
```

Eis o resultado (dentro de "target/site"):

Vemos que cada pacote apresenta determinada cobertura, tanto em linhas de código como em "branch" (desvio condicional). Se quisermos, podemos clicar nos pacotes e fazer um "drill-down" até chegar aos métodos.

Notamos que existem pacotes com baixa cobertura (50% ou menos) e estes devem ser analisados.

Sonar

O Sonar é um integrador de ferramentas de métricas, que oferece um quadro ("dashboard") com as principais métricas de um projeto de software. Além disto, ele permite traçarmos um quadro evolutivo, permitindo a avaliação da qualidade do software em momentos diferentes.

Ele pode ser baixado de: http://www.sonarsource.org/.

O Sonar é dividido em duas partes: o plugin maven e o site. Podemos baixar e executar diretamente o Sonar, no modo "stand-alone". Você pode baixar e rodar o Sonar sem maiores preocupações, porém, em instalações maiores, com muitos desenvolvedores e projetos, pode ser interessante instalar o Sonar em um Web Server melhor, com um Banco de Dados mais robusto.

Para começar, baixe o Sonar, descompacte e rode o script: "startsonar":

• Abra a pasta "bin", dentro de %SONAR_HOME%;

• Abra a pasta correspondente ao seu sistema (ex: macosx-universal-64 ou windows-x86-64);

• Execute o script "startsonar".

Aguarde alguns instantes e abra seu navegador, apontando para "http://localhost: 9000".

Se você nunca analisou um projeto com o Sonar, sua lista de projetos deverá estar vazia. No meu caso, tenho vários projetos em análise.

Para analisar um projeto, temos que ter o site do sonar funcionando. Temos que configurar o plugin do Sonar em nosso arquivo "pom.xml":

```
<build>
  <pluginManagement>
    <plugins>
      <plugin>
        <groupId>org.apache.maven.plugins</groupId>
        <artifactId>maven-compiler-plugin</artifactId>
        <configuration>
            <source>1.6</source>
            <target>1.6</target>
        </configuration>
```

```
        </plugin>
        <plugin>
          <groupId>org.codehaus.mojo</groupId>
          <artifactId>sonar-maven-plugin</artifactId>
          <version>1.0</version>
        </plugin>
      </plugins>
    </pluginManagement>
  </build>
```

Depois, é só executar o alvo "sonar" do plugin, através do comando: "mvn sonar:sonar".

Após o término do "build", podemos ir ao site do Sonar ("http://localhost:9000") e ver a análise do nosso projeto:

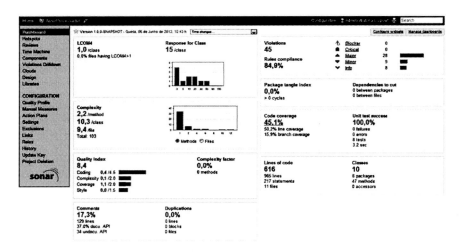

É realmente um "parque de diversões" para análise de qualidade de código, não?

Podemos configurar um conjunto de métricas a serem analisada, o que o Sonar chama de "Quality profile". Podemos utilizar os profiles que o Sonar já fornece ou podemos criar nossos próprios profiles, definindo regras e atribuindo índices de severidade (Blocker, Critical, Major etc).

Capítulo 5 - Ferramentas para Avaliar Código-Fonte | 133

Para isto, é só logar como administrador ("admin" senha "admin") e clicar no link "configuration", selecionando o profile que você deseja alterar.

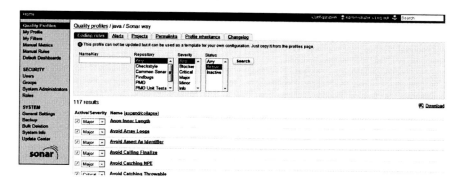

O Sonar é baseado em plugins, e alguns podem ser adicionados. Para isto, vá em "configuration" e selecione "Update Center". Você verá os plugins que já estão instalados e poderá ver quais estão disponíveis para instalação:

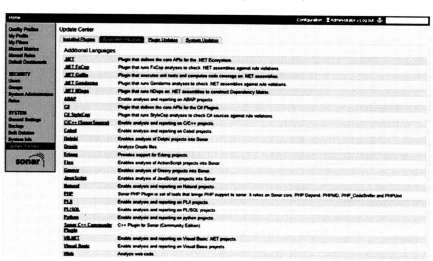

Conclusão

Existem várias ferramentas de análise de código, algumas dedicadas a determinados aspectos de qualidade. Eu acredito que você deveria instalar e testar várias ferramentas, analisando seus sistemas e comparando os resultados.

Capítulo 6
Estudo de Caso

Vamos apresentar um estudo de caso de redução da dívida técnica, feito em etapas. Desta forma, ficará bem ilustrado o processo, com os resultados claramente demonstrados.

O caso apresentado aqui é muito semelhante a uma experiência real que eu tive, porém, para proteger a identidade das pessoas e da organização, eu troquei muita coisa. Neste caso, eu fui chamado para tentar melhorar o código-fonte de um sistema "quebra-galho", que seria vendido para um cliente externo.

Aconselho fortemente que você baixe o código-fonte, execute as atividades e me acompanhe, para ver como analisamos a dívida técnica.

Descrição do cenário

A empresa XPTO tem um software de monitoração de ativos de rede, como, por exemplo, roteadores, servidores e modems. Esse software exibe seus resultados de duas formas: em um console de alertas e na forma de arquivo XML. Porém, o software não armazena os alertas, guardando apenas os diários.

A área de operação precisa guardar os alertas, classificados por data, e enviar por e-mail aos responsáveis por cada sistema, de modo que avaliem o impacto operacional. Para isto, um funcionário da área operacional precisa ler os alertas e digitar em planilhas eletrônicas, com abas para cada dia do mês. Tal procedimento, devido à forte intervenção manual, tem gerado diversas inconsistências, levando a gerência operacional da XPTO a automatizar o processo.

Primeiramente, é necessário eliminar a necessidade de digitação, aumentando a confiabilidade dos dados. Para isto, é necessário ler o arquivo XML diário, gerado pelo software de monitoração, guardando os dados e gerando um relatório, preferencialmente em PDF.

Futuramente, a gerência pretende automatizar ainda mais o sistema.

Eis o procedimento atual:

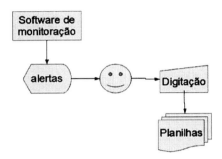

O caso foi passado para uma equipe, conhecida por "apagar incêndios", que criou e implementou uma solução em menos de três dias. A solução atendia perfeitamente à necessidade da gerência operacional, sendo simples e rápida. Eis o diagrama da solução:

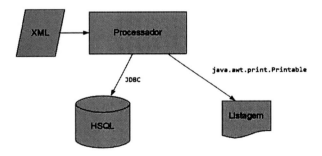

Uma classe Java que lia o arquivo XML, gravando entradas no banco de dados e imprimindo um relatório, no formato PDF. Simples, rápido e rasteiro.

Simples e rápido não significa boa solução

Sempre que eu ouço o princípio KISS (Keep It Simple, Stupid), fico preocupado. As pessoas confundem "simplicidade" com "lambança" e passam a condenar boas práticas, frameworks e processos, tachando-os de "burocráticos".

Capítulo 6 - Estudo de Caso | **137**

Eu acredito que devemos sempre buscar a solução mais simples possível, que atenda às necessidades do cliente, mas isto não significa abrir mão de boas práticas.

Este estudo de caso é bem emblemático, pois foi programado em três dias, resolveu o problema e não exigiu muitos frameworks nem grandes elaborações.

Porém, ao fazer isto, a equipe (e a gerência operacional) assumiu uma grande dívida técnica, pois, como vamos demonstrar, a solução era muito vulnerável a alterações e pouco flexível. Como se deseja aumentar o nível de automação do processo, por ser pouco flexível, a solução acabou tornando-se o próximo problema.

Visão geral da solução inicial

A equipe desenvolveu um microssistema, composto por uma única classe Java, que lia um arquivo XML e produzia o que era desejado: guardava os alertas em um banco de dados e gerava um relatório em PDF.

Esta solução está presente no código-fonte que acompanha o livro, dentro da pasta "**processadorOriginal.zip**".

Ele tem uma só classe: org.example.processadorAlertas.Processador. Abra esse projeto no Eclipse, ou importe para qualquer outra IDE. Agora, abra a classe "Processador":

```
package org.example.processadorAlertas;

import java.awt.Color;
import java.awt.Dimension;
import java.awt.FlowLayout;
import java.awt.Graphics;
import java.awt.Graphics2D;
import java.awt.Toolkit;
import java.awt.event.ActionEvent;
import java.awt.event.ActionListener;
import java.awt.print.PageFormat;
import java.awt.print.Printable;
import java.awt.print.PrinterException;
import java.awt.print.PrinterJob;
import java.io.BufferedReader;
import java.io.FileNotFoundException;
import java.io.FileReader;
import java.sql.Connection;
```

Qualidade de Software na Prática

```java
import java.sql.DriverManager;
import java.sql.SQLException;
import java.sql.Statement;
import java.util.ArrayList;
import java.util.Calendar;
import java.util.List;
import java.util.TimeZone;

import javax.swing.BoxLayout;
import javax.swing.JButton;
import javax.swing.JFileChooser;
import javax.swing.JFrame;
import javax.swing.JLabel;
import javax.swing.JPanel;
import javax.swing.JScrollPane;
import javax.swing.JTextArea;
import javax.swing.JTextField;
import javax.swing.filechooser.FileNameExtensionFilter;
import javax.xml.bind.DatatypeConverter;


public class Processadorextends JFrameimplements
ActionListener, Printable {

        private JLabel lbl1 = new JLabel("Arquivo XML");
        private JTextField txtArquivo = new JTextField(50);
        private JTextArea textArea = new JTextArea(5,50);
        private JButton btnExecutar = new JButton("Executar");
        private JButton btnLocalizar = new JButton("Localizar XML");
        private String lastDirectory = ".";
        private List<String> relatorio = new ArrayList<String>();
        private String itemDB = "";
        private String dtRegistroDB = "";
        private int cdEventoDB = 0;
        private int cdSitDB = 0;
        private Connection db;
        private Statement stm;
        private boolean globalError = false;
        private String lastTag = "";

        public static void main (String [] args) {
        ...
```

É uma classe derivada do JFrame, logo, é uma "tela" de aplicação. Ela também implementa a interface "ActionListener", indicando que processa os eventos gerados pela interface Swing. Finalmente, ela também implementa a interface "Printable", indicando que gera comandos de impressão em Java.

Como funciona?

Se observarmos o método "main":

```
public static void main (String [] args) {
        Processador p = new Processador();
        p.setVisible(true);
}

public Processador() {
    super();
    initComponents();
}
```

vemos que ele cria uma instância da própria classe e torna visível. O construtor invoca um método chamado "initComponents()" que instancia os componentes visuais. Ao executar a classe, vemos a tela:

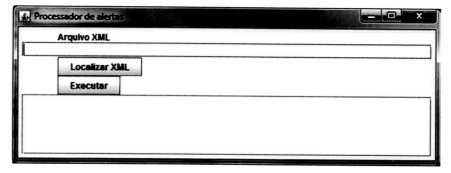

Essa tela possui dois botões: "Localizar XML" e "Executar". O método "initComponents()", invocado pelo construtor da classe, instancia os botões e adiciona a classe "Processador" como "listener" dos eventos:

```
btnExecutar.addActionListener(this);
btnExecutar.setActionCommand("executar");
btnLocalizar.addActionListener(this);
btnLocalizar.setActionCommand("localizar");
```

140 | **Qualidade de Software na Prática**

Para executar, precisamos indicar qual é o arquivo XML a ser processado e isto é feito ao clicarmos no botão "Localizar XML", que aciona o comando "localizar". Logo, no método "actionPerformed()", implementado por causa da interface "ActionListener", comandamos um diálogo de seleção de arquivos (JFileChooser), que permite ao usuário indicar qual é o arquivo XML a ser processado.

Depois, ao clicar no botão "Executar", o mesmo método é invocado ("actionPerformed()"), só que, desta vez, com o comando "executar". Neste caso, invocamos o método "processarXML()", que é o "coração" dessa classe.

O método "processarXML()" abre o arquivo indicado, lê e processa tag a tag, na base de "parsing" de string, e insere os dados na tabela "alerta" do banco de dados, utilizando comandos SQL. Ao final, é criado um "PrinterJob" que recebe a própria classe como elemento imprimível e o método "print()" é invocado.

Teste do sistema

Bem, o sistema não tem um só script de teste... Porém, tem um arquivo XML de exemplo, então, posso executá-lo para ver se funciona. Tenho que criar um banco de dados e como ele utiliza o HSQL, posso criar usando a interface do mesmo. Por sorte, o layout da tabela "alertas" está dentro de um comentário no método "processarXML()":

```
/*
 * Banco:
 * CREATE TABLE alerta (
      item varchar(100),
      dtreg varchar(50),
      evento integer,
      codsit integer)
 */
```

Utilizando a interface do HSQL, posso criar um banco e indicar o local onde ele ficará:

Capítulo 6 - Estudo de Caso | 141

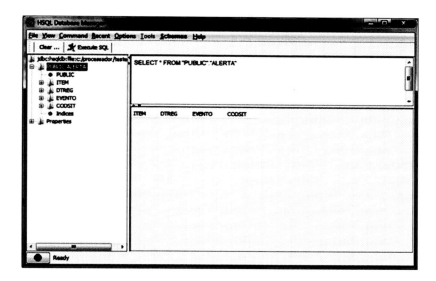

E como criei dentro de "c:/processador/testedb", tenho que modificar a string de conexão JDBC dentro do método "processarXML()":

```
db = DriverManager.getConnection(
"jdbc:hsqldb:file:c:/processador/testedb", "SA", "");
```

Agora, vou rodar o programa:

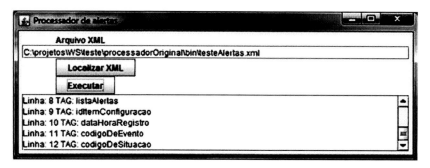

Ele pediu para indicar a impressora. Para gerar um PDF é necessário instalar uma impressora PDF no MS Windows. Eis o PDF gerado:

142 | Qualidade de Software na Prática

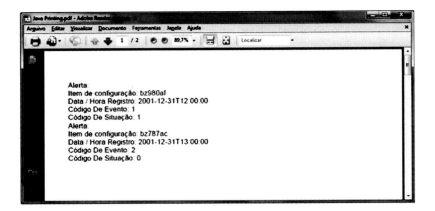

E ele atualizou a tabela no banco de dados, conforme pude conferir no HSQL:

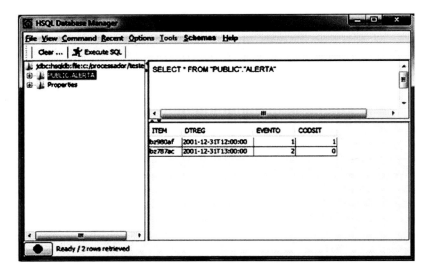

Bem, o programa executou e, aparentemente, fez o que foi solicitado: importou um XML, gerou um relatório (PDF porque eu instalei uma impressora no Windows) e atualizou o banco de dados.

Primeira impressão

Minha primeira impressão foi impublicável ("que **$%@#** de sistema!"). Sem me aprofundar nos detalhes técnicos, eu tive uma primeira impressão muito ruim. Note que essa impressão é puramente baseada em fatores subjetivos, logo, pode ser contestada.

Os pontos mais negativos, na minha visão, foram:

1. Não tem testes! Foi uma dificuldade testar o programa: tive que criar um banco de dados e instalar uma impressora PDF, além de ter que instalar o HSQL, de modo a poder ver o banco de dados;

2. Uma só classe, com mais de 300 linhas. Isto não pode estar certo... Para mim, uma classe não deve ter mais que 50 linhas;

3. Código monolítico. As três camadas lógicas de uma aplicação - apresentação, lógica de negócios e persistência - estão misturadas em uma única classe. Isto aumenta o risco de "brittleness" do código, diminuindo a manutenção e a flexibilidade do mesmo;

4. Mais de uma responsabilidade. A classe é derivada de JFrame e implementa outras duas interfaces,sendo responsável por ler o XML, atualizar o banco de dados, imprimir o relatório e ser a interface com o usuário;

5. Procedimentos ao invés de configuração. A classe analisa o XML, atualiza o banco e imprime o relatório de forma procedural, o que aumenta o risco de manutenções. Estas tarefas podem ser feitas por meio da configuração, utilizando frameworks mais apropriados.

Além disto, a classe está sujeita a problemas causados por alterações no XML e ela não se baseia no esquema para validá-lo. Eis alguns fatores que podem causar problemas e/ou alterações neste sistema:

• Alterações no XML: novas tags, ordem das tags etc.;

• Alterações no layout do relatório: coisa muito comum;

• Alterações na interface do sistema (ui);

• Alterações no layout do banco de dados (ou mesmo no servidor).

Pela descrição do estudo de caso, o cliente disse que novas automações serão pensadas, logo, o sistema deve ser flexível o bastante para acomodar mudanças nos requisitos. Bem, esse sistema é TUDO, menos flexível.

Primeiras análises

Para não parecer "chato" e "implicante", eu rodei algumas análises básicas. Primeiramente, com o "Metrics plugin for Eclipse":

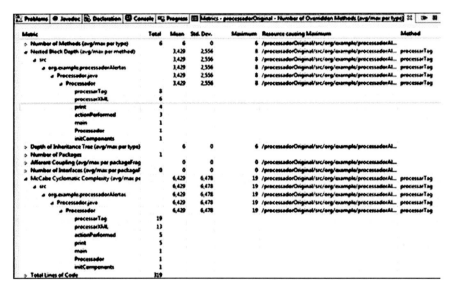

Vemos dois problemas sérios nesta classe:

• Excessiva profundidade de aninhamento dos blocos de comandos, nos métodos "processarTag" e "processarXML";

• Excessiva complexidade ciclomática nos mesmos métodos.

Bem, já sabemos sobre esses problemas, vamos tentar com o RefactorIT:

Capítulo 6 - Estudo de Caso | 145

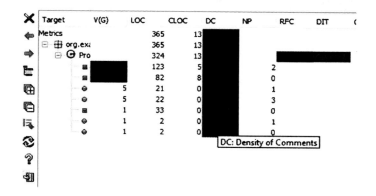

Vemos mais dois problemas importantes:

• Baixa densidade de comentários;

• Alto acoplamento e complexidade, pois o RFC (Response For Class) está em 75.

A classe é monolítica e quase não contém comentários significativos. Além disso, apresenta um RFC muito acima de 50, que é o limite do RefactorIT.

Essas métricas indicam claramente que existem problemas no código-fonte do projeto. Porém, como ele não está no formato Maven, eu não posso analisá-lo com o Sonar e não tenho como distribuir estas informações para toda a equipe.

O que é necessário?

Precisamos fazer uma análise mais aprofundada e disponibilizar os resultados de forma clara e comparativa para toda a equipe, pois será necessário um grande trabalho para medir a dívida técnica que este sistema traz embutida nele, priorizando os pontos mais importantes e planejando as refatorações necessárias.

Primeiramente, é necessário migrar o projeto para o Maven, pois queremos fazer análises comparativas e gerar resultados de maneira uniforme com o Sonar.

Em segundo lugar, temos que priorizar os problemas, atacando aqueles que representam a maior dívida técnica. Lembra da Lei de Pareto? 20% das causas geram 80% dos problemas?

Calculando o tamanho da dívida técnica

Não adianta se desesperar com os resultados preliminares. Afinal, impressões subjetivas e análises apressadas podem resultar em trabalho desnecessário.

O que precisamos fazer é agregar boas práticas ao projeto e a primeira coisa é adicioná-lo a um repositório SCM, se é que já não esteja utilizando. A segunda coisa é utilizar um processo de integração contínua, já que vamos mexer e remexer no sistema. Podemos utilizar várias ferramentas para isto, porém eu gosto muito do Continuum.

De qualquer forma, é preciso gerenciar o "build" do projeto e suas dependências. Fazer "build" apenas pela IDE é considerado uma prática ruim, pois limita o desenvolvimento. Podemos escolher algumas alternativas, como o Apache "ant" (http://ant.apache.org/), por exemplo. Embora ele não gerencie bem as dependências, podemos utilizá-lo com outro produto, como o "Ivy" (http://ant.apache.org/ivy/). Isto garante que vamos utilizar as versões corretas das dependências.

Eu, particularmente, prefiro o Maven (http://maven.apache.org/). Eu não pretendo explicar o uso do Maven neste livro, pois já o fiz no meu trabalho "Guia de Campo do Bom Programador" (http://www.obomprogramador.com). Mas mostrarei apenas o que é necessário:

1. Organizar as pastas do projeto de acordo com o padrão Maven;

2. Criar um arquivo "pom.xml".

Transformando em projeto Maven

Primeiramente, temos que organizar as pastas do projeto, pois o Maven segue um padrão específico:

Projeto /
• src /
• main /
• java /
• resources /
• test /
• java /
• resources /

Vamos criar um projeto Maven utilizando o arquétipo "quick start". No prompt de comandos (ou no terminal), digite o comando:

```
mvn archetype:generate ^
-DgroupId=org.example ^
-DartifactId=processadorAlertas ^
-DarchetypeArtifactId=maven-archetype-quickstart ^
-DinteractiveMode=false
```

Se estiver utilizando algum tipo de Unix (Linux, MacOSX etc.), troque os caracteres "^" por "\".

Agora, temos que copiar os arquivos-fonte para as pastas corretas: de "src" para "src/main/java". Depois, temos que ver as dependências. Pelo projeto original, vemos que ele tem uma pasta "libs", que contém o "hsqldb-2.2.9.jar", a biblioteca que está no "build path" do projeto.

Com o Maven, as dependências não ficam dentro do projeto, mas dentro do repositório ".m2" e devem ser declaradas no arquivo "pom.xml". Então, vamos abrir o arquivo "pom.xml", que foi gerado para nós, e acrescentar a dependência:

```
<project xmlns="http://maven.apache.org/POM/4.0.0"
xmlns:xsi="http://www.w3.org/2001/XMLSchema-instance"
xsi:schemaLocation="http://maven.apache.org/POM/4.0.0 http://
maven.apache.org/xsd/maven-4.0.0.xsd">
    <modelVersion>4.0.0</modelVersion>
    <groupId>org.example</groupId>
    <artifactId>processadorAlertas</artifactId>
    <version>0.0.1-SNAPSHOT</version>
    <name>Processador</name>

<dependencies>
    <dependency>
        <groupId>org.hsqldb</groupId>
        <artifactId>hsqldb</artifactId>
        <version>2.2.9</version>
    </dependency>
</dependencies>


</project>
```

148 | Qualidade de Software na Prática

Pronto! Agora, podemos importá-lo para nossa IDE, seja Eclipse, NetBeans, seja outra qualquer. O projeto está junto com o código-fonte **processadorAlertas.zip**;.

Analisando com plugins para o site Maven

Vamos modificar o nosso "pom.xml" e acrescentar alguns plugins para gerar relatórios dentro do site criado pelo Maven:

```xml
<reporting>
    <plugins>
        <plugin>
            <groupId>org.apache.maven.plugins</groupId>
            <artifactId>maven-checkstyle-plugin</artifactId>
            <version>2.10</version>
        </plugin>
        <plugin>
            <groupId>org.apache.maven.plugins</groupId>
            <artifactId>maven-pmd-plugin</artifactId>
            <version>3.0.1</version>
        </plugin>
        <plugin>
            <groupId>org.codehaus.mojo</groupId>
            <artifactId>findbugs-maven-plugin</artifactId>
            <version>2.5.2</version>
        </plugin>
        <plugin>
            <groupId>org.codehaus.mojo</groupId>
            <artifactId>jdepend-maven-plugin</artifactId>
            <version>2.0-beta-2</version>
        </plugin>

    </plugins>
</reporting>
```

Se quisermos, podemos distribuir o site Maven em um diretório publicado via HTTP, seja com o Apache, Tomcat, seja com qualquer outro servidor. Assim, todos poderão consultar os relatórios de forma simples e prática. Também podemos "zipar" a pasta "target/site" e enviar para quem desejarmos. Se executarmos "mvn site" (pelo Eclipse ou no prompt de comandos), poderemos navegar os relatórios do projeto:

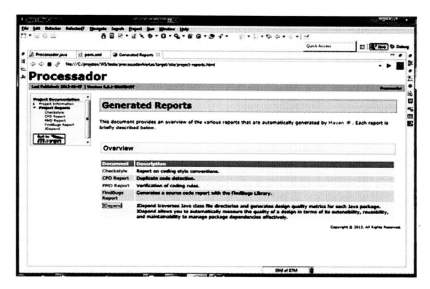

Vamos analisar e classificar os problemas encontrados até agora, por ferramenta e em ordem decrescente de relevância. É claro que eu descartei muita coisa, pois quero identificar os problemas mais relevantes.

Sugiro que você rode o "mvn site" e acompanhe o que estou fazendo.

CheckStyle

1. Ocorrências de "números mágicos";
2. Falta de documentação Javadoc.

PMD

Nada de relevância. Apenas alguns problemas "bobos".

FindBugs

O problema mais sério é que estamos utilizado uma senha vazia para o banco de dados.

150 | **Qualidade de Software na Prática**

JDepend

É complicado analisar pelo JDepend, pois o sistema só tem um pacote e uma única classe... Mas podemos ver que apresenta 100% de instabilidade, indicando que o sistema é extremamente vulnerável a mudanças.

Conclusões

Se levarmos em consideração apenas os problemas reportados por essas ferramentas, não teremos como fundamentar nossas opiniões iniciais, pois as violações não são muito graves. Podemos até zerar todos os problemas apontados pelas ferramentas, mas, ainda assim, teremos um sistema ruim nas mãos.

Na verdade, foi o que aconteceu com o sistema verdadeiro, no qual este estudo de caso foi baseado: os gestores consideraram que havia poucos problemas e seguiram adiante. É preciso ser profissional para avaliar a real dívida técnica de um projeto de software.

Logo, precisamos tentar fundamentar nossas opiniões iniciais:

1. Não tem testes;

2. Uma só classe, com mais de 300 linhas;

3. Código monolítico;

4. Mais de uma responsabilidade;

5. Procedimentos, ao invés de configuração.

Para isto, é preciso mostrar algo que os gestores entendam: grandes números, ao invés de frases técnicas.

Analisando com o Sonar

Para mim, o Sonar tem algumas grandes vantagens, especialmente para calcular a dívida técnica:

• Apresenta informações consolidadas;

• Permite fazer uma comparação evolutiva;

• É mais fácil de configurar e usar;

• Já permite o acesso via Intranet.

Analisar o projeto com o Sonar é simples:

1. Alteramos o "pom.xml" para incluir o plugin;

2. Subimos o servidor Sonar.

O "pom.xml" ficou assim:

```xml
<project xmlns="http://maven.apache.org/POM/4.0.0"
xmlns:xsi="http://www.w3.org/2001/XMLSchema-instance"
xsi:schemaLocation="http://maven.apache.org/POM/4.0.0 http://
maven.apache.org/xsd/maven-4.0.0.xsd">
        <modelVersion>4.0.0</modelVersion>
        <groupId>org.example</groupId>
        <artifactId>processadorAlertas</artifactId>
        <version>0.0.1-SNAPSHOT</version>
        <name>Processador</name>

        <dependencies>
            <dependency>
                <groupId>org.hsqldb</groupId>
                <artifactId>hsqldb</artifactId>
                <version>2.2.9</version>
            </dependency>
        </dependencies>

        <build>
        <pluginManagement>
        <plugins>
        <plugin>
                <groupId>org.apache.maven.plugins</groupId>
                <artifactId>maven-compiler-plugin</artifactId>
                <configuration>
                    <source>1.6</source>
                    <target>1.6</target>
                </configuration>
        </plugin>
        <plugin>
            <groupId>org.codehaus.mojo</groupId>
            <artifactId>sonar-maven-plugin</artifactId>
            <version>1.0-beta-2</version>
        </plugin>

        </plugins>
```

152 | Qualidade de Software na Prática

```xml
        </pluginManagement>
        </build>

        <reporting>
            <plugins>
                <plugin>
                <groupId>org.apache.maven.plugins</groupId>
                <artifactId>maven-checkstyle-plugin</artifactId>
                <version>2.10</version>
            </plugin>
                <plugin>
                <groupId>org.apache.maven.plugins</groupId>
                <artifactId>maven-pmd-plugin</artifactId>
                <version>3.0.1</version>
            </plugin>
                <plugin>
                <groupId>org.codehaus.mojo</groupId>
                <artifactId>findbugs-maven-plugin</artifactId>
                <version>2.5.2</version>
            </plugin>
                <plugin>
                        <groupId>org.codehaus.mojo</groupId>
                        <artifactId>jdepend-maven-plugin</artifactId>
                        <version>2.0-beta-2</version>
            </plugin>

            </plugins>
        </reporting>


</project>
```

Fiz duas mudanças no "pom.xml":

1. Configurei o compilador do Maven para usar a versão 1.6 do Java para "source" e "target";

2. Acrescentei o plugin do Sonar.

Faça a mesma coisa (se preferir, o projeto está zipado dentro do código-fonte).

Agora, vamos fazer um "build" usando o plugin do Sonar: "mvn sonar:sonar".

Normalmente, eu rodo o "build" fora do Eclipse, mas você pode configurar "run as/Maven Build" e especificar o goal: "sonar:sonar".

O "dashboard" do Sonar mostra números consolidados muito interessantes, que ajudam a confirmar nossas suspeitas iniciais e são mais fáceis de mostrar a um gerente.

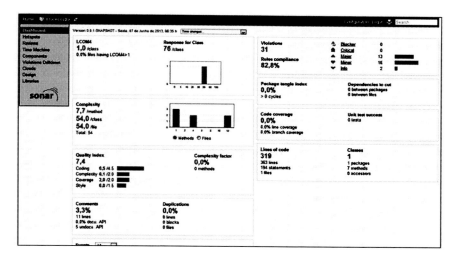

Vejamos... Temos os seguintes indicadores:

• Alto acoplamento e alto RFC por classe: 76;

• Alta complexidade (meu limite é 5) média por método: 7,7;

• Altíssima complexidade média por classe: 54,0;

• Cobertura de código: ZERO;

• Nenhuma documentação Javadoc da API, embora existam cinco métodos a serem documentados;

• 319 linhas de código em uma só classe.

O Sonar tem até um plugin chamado "Technical Debt" (tem que instalar no "Update Center"), que calcula a dívida técnica em dólares americanos. Ele é até interessante e baseia seus cálculos em métricas:

Dívida (em homens/dia) =
custo_para_consertar_duplicações +
custo_para_consertar_violações_de_regras +
custo_para_documentar_API +
custo_para_consertar_complexidade_não_coberta +
custo_para_baixar_complexidade +
custo_para_cortar_dependências_cíclicas_de_pacotes

Podemos até configurar os limites, entrando em "configuration/General Settings" e selecionando o plugin "Technical Debt". Eu mudei o custo de um desenvolvedor para US$ 100,00 por dia, que era a média em junho de 2013 (US$ 2.000,00 por mês, com 20 dias úteis).

Para exibir o resultado do plugin "Technical Debt", temos que adicionar seu "Widget" ao "dashboard" (link: configure widgets) e rodar novamente o "build" (mvn sonar:sonar).

O resultado é este:

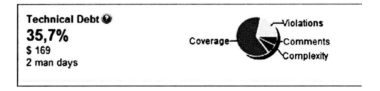

Você concorda com estes números? Em apenas dois dias nós zeramos a dívida técnica deste projeto?

É claro que não! Podemos até "brincar" com as configurações, mas o problema é que o cálculo da dívida técnica, feito por esse plugin, ignora várias coisas, como, por exemplo, o acoplamento e coesão, violações de SRP, SAP e SDP, entre outras. Ele não mede a dívida técnica causada por um projeto e arquitetura ruins.

Ele calcula apenas as violações, cobertura, complexidade e documentação, que já seriam interessantes, porém, neste caso, seriam insuficientes para garantir um projeto de boa qualidade.

Os próprios desenvolvedores desse plugin () avisam que ele não contempla todas as medidas necessárias:

> *"Note that this plugin only partly computes the technical debt of an application. SonarSource has developed a much more advanced and complete plugin to evaluate technical debt"*

A empresa SonarSource criou um plugin chamado "Technical Debt Evaluation (SQALE)" que é muito mais completo e abrangente, permitindo incluir outras métricas, só que é pago.

Bem, vamos ter que "nos virar" com o que temos até agora...

Voltando às minhas observações iniciais, vamos tentar justificar os problemas que encontramos com os números que obtivemos.

O sistema possui um grande débito técnico, pois apresenta os seguintes problemas:

1. Alto acoplamento e baixa coesão, pois apresenta um alto índice de **RFC** e só possui uma única classe, com mais de 300 linhas. Além disto, não há separação das camadas lógicas (apresentação, lógica de negócio e persistência);

2. Alta complexidade ciclomática. A complexidade média da classe (54) e do método (7,7) está muito alta. Isto prejudica a manutenção e a testabilidade do código, e pode ser a razão de não existirem "scripts" de teste;

3. Alta vulnerabilidade a mudanças. Isto é claramente demonstrado pelo índice de 100% de **instabilidade** da única classe do sistema, como marcado pelo relatório do JDepend, e também porque estão sendo feitos vários procedimentos manuais, que poderiam ser automatizados (análise do XML por substring, gravação no banco por SQL e impressão de um relatório procedural).

Estes são os 20% das causas dos 80% dos problemas do sistema! Isto representa o maior peso da dívida técnica, que pode prejudicar a manutenção e a evolução do projeto ao longo do tempo, como é esperado pelo cliente.

Existem outras violações de princípios, boas práticas e regras, porém, representam um "custo" menor diante dos três problemas levantados e comprovados.

Conclusão

Não existe uma ferramenta "mágica" que aponte todos os problemas, sem a necessidade de um profissional de Engenharia de Software analisar o código-fonte. É claro que podemos e devemos incluir análises automáticas no processo da integração contínua, de modo a evitar esse tipo de problema, mas, em certos casos (como este), somente a análise de alguns relatórios poderia nos levar a erros:

• Achar que, como existem poucas violações de regras, está tudo bem;

• Achar que os números não estão ruins (as complexidades 13 e 18 são próximas de 10);

• Investir nas causas erradas, acreditando no que o plugin "Technical Debt" disse.

Nada substitui o "faro" de um engenheiro de software experiente, que pode comprovar suas observações com os números encontrados.

Capítulo 7
Reduzindo a Dívida Técnica

Código-fonte: "processadorAlertasResultado1.zip".

Bem, agora já sabemos qual é o tamanho da dívida técnica, ou seja, quais os 20% das causas dos 80% dos problemas. Relembrando:

1. Alto acoplamento e baixa coesão;

2. Alta complexidade ciclomática;

3. Alta vulnerabilidade a mudanças.

Não adianta atacarmos os problemas individualmente, pois podemos até diminuir a complexidade ciclomática, mas isto não irá solucionar os outros problemas. Eu gosto de chegar ao fundo do problema.

Um sistema feito em uma só classe

Isto, geralmente, é causado por programadores inexperientes. Podem ser recém-ingressados na profissão, ou mais velhos, porém sem experiência com projetos orientados a objetos. Tentem a criar sistemas OOP/estruturados, ou seja, programam como se estivessem utilizando "COBOL" ou "xBASE" ("Clipper", "dBASE" e outros).

Notamos que não houve uma modelagem das classes e que todas as funções estão divididas em métodos da classe, como se fossem funções de linguagens estruturadas (parágrafos COBOL, funções "C" etc.).

Reinvenção da roda

O sistema faz três procedimentos:

• Análise (parsing) de um arquivo XML;

• Inserção no banco de dados;

• Geração de relatório.

E ele faz essas três coisas de modo procedural.

Analisa o XML utilizando um "loop" e comparando substrings, o que é muito ruim e vulnerável a erros. Além disto, tal prática gera métodos de alta complexidade.

Ele insere no banco de dados utilizando o JDBC, ou seja, abre uma conexão (com a senha e tudo mais) e utiliza comandos INSERT para gravar cada registro. Isto é ruim porque "engessa" o banco de dados dentro do código. Tanto o driver como o dialeto SQL e a string de conexão ficam dentro do código-fonte, diminuindo a flexibilidade do código. Se mudarmos o banco de lugar, teremos que alterar o código-fonte!

Finalmente, ele imprime o relatório dentro de um "loop", imprimindo linha a linha. A formatação é feita dentro do código-fonte, logo, se houver necessidade de alteração do layout, implicará em alteração do código-fonte.

Isto é "reinventar a roda", pois já existem soluções para os três procedimentos.

O que devemos fazer

Existem quatro possíveis soluções:

1. Refatoração do código-fonte;

2. Retrofit do software;

3. Reengenharia do software;

4. Jogar tudo fora e começar novamente.

Refatoração

Já falamos muito sobre refatoração, mas temos que esclarecer bem o conceito. Vamos recorrer a um especialista no assunto - Martin Fowler:

> *"Refactoring is a disciplined technique for restructuring an existing body of code, altering its internal structure without changing its external behavior. Its heart is a series of small behavior preserving transformations. Each transformation (called a 'refactoring') does little, but a sequence of transformations can produce a significant restructuring. Since each refactoring is small, it's less likely to go wrong. The system is also kept fully working after each small refactoring, reducing the chances that a system can get seriously broken during the restructuring."*
>
> *Martin Fowler em "Refactoring Home Page" (http://refactoring.com/)*
>
> *Refatoração é uma técnica disciplinada para reestruturar um corpo de código existente, alterando sua estrutura interna sem mudar seu comportamento externo. Em sua essência, é uma série de pequenas transformações preservadoras de comportamento. Cada transformação (chamada de "refatoração") faz pequenas transformações em sequência, que podem produzir uma reestruturação significativa. Já que cada refatoração é pequena, há pouca chances de dar errado. O sistema é mantido funcionando plenamente após cada pequena refatoração, reduzindo as chances de que seja seriamente afetado durante a reestruturação. (tradução do autor)*

Simplificando: refatoração é o que devemos fazer, gradativamente, para melhorar a qualidade do código sem afetar o seu comportamento. Várias técnicas, tais como, a TDD (Test-Driven Development) (http://pt.wikipedia.org/wiki/Test_Driven_Development) pregam que, após passar nos testes, o código seja refatorado.

Embora possamos conseguir alguns bons resultados apenas com a refatoração, a estrutura do sistema atual está muito ruim, logo, exigirá um grande esforço de programação. Isto não pode ser chamado de "refatoração".

Retrofit do software

Retrofit é um termo de Engenharia que significa: modernizar um equipamento ou prédio antigo. Segundo a Wikipedia (http://pt.wikipedia.org/wiki/Retrofit):

160 | Qualidade de Software na Prática

"Retrofit é um termo utilizado principalmente em Engenharia para designar o processo de modernização de algum equipamento já considerado ultrapassado ou fora de norma."

O termo "Retrofit do software" significa melhorar o software atual, mantendo suas características e modernizando alguns aspectos. A melhor descrição que encontrei foi:

"In software retrofit projects, existing software solutions are retained as far as possible. Modifications are implemented by virtualization, migration to new databases or operating systems, as well as adapting the software to new requirements."

W3 Logistics "Cut costs with software retrofitting" (http://w3logistics.com/services/software-retrofit.php)

"Em projetos de retrofit de software, as soluções de software existentes são mantidas o máximo possível. As modificações são implementadas por virtualização, migração para novos bancos de dados ou sistemas operacionais, assim como pela adaptação do software aos novos requisitos." (tradução do autor)

Na técnica de Retrofit, procuramos manter a base do código-fonte o máximo possível, pois o alvo principal é cortar os custos e melhorar a solução existente.

Um exemplo é o trabalho que um conhecido meu fez há algum tempo. Um cliente possuía um sistema feito em linguagem xBase ("Clipper", por exemplo). O compilador era obsoleto e o sistema só podia ser executado em determinada versão do sistema operacional (16 bits) e, ainda por cima, só funcionava com determinadas impressoras (aquelas matriciais antigas).

Então, o meu colega procurou uma solução que permitisse executar o mesmo código-fonte em equipamentos mais modernos, porém, teve problemas com a impressão. Então, modificou ligeiramente o código para compilar em uma solução Linux (http://xharbour.com.br/) e conseguiu fazer o sistema funcionar nos servidores Linux, com impressoras modernas e tudo mais.

É um excelente exemplo de retrofit: poucas modificações no código-fonte e baixo investimento.

Não parece ser o caso do nosso problema... O retrofit não irá melhorar a manutenção e a testabilidade do código-fonte.

Reengenharia de software

Este termo é frequentemente confundido com "Engenharia Reversa", que é uma das técnicas para a Reengenharia.

Podemos conceituar a tarefa de Reengenharia de Software como "reestruturar ou reescrever parte ou todo um sistema, sem alterar sua funcionalidade". Parece com o conceito de refatoração, não? É claro que sim! Só que a "refatoração" é feita em pequenas partes e gradativamente, enquanto a "Reengenharia" é feita em todo o sistema ou em grande parte dele, e envolve a refatoração também.

A Reengenharia pode ser conceituada graficamente:

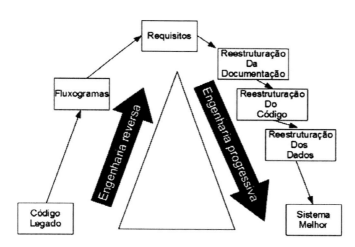

Ian Sommerville, em seu livro "Software Engineering" (editora Addison Wesley), conceituou bem a atividade de Reengenharia de Software. Podemos resumir em dois grandes caminhos:

• Engenharia Reversa: quando partimos da implementação (código-fonte ou códigocompilado) para chegar até os requisitos. É utilizada em casos extremos, nos quais a documentação é inexistente ou pouco confiável;

• Engenharia Progressiva: quando partimos dos requisitos e vamos reestruturando o código (refatorações), a documentação e até os dados, chegando a um sistema melhor que o anterior.

162 | **Qualidade de Software na Prática**

Em nosso caso, já temos os requisitos que, embora ruins, nos dizem exatamente o que o sistema deve fazer.

Jogar tudo fora e começar novamente

Esta é uma abordagem radical e, geralmente, mais cara para resolver o problema. Significa que vamos ignorar tudo o que foi feito e ir ao cliente para levantar os requisitos novamente. Além do alto custo, isto gera muito ruído e prejudica a imagem da empresa produtora de software.

Só devemos fazer isto quando a Reengenharia for inviável (não é possível utilizar o código-fonte).

O melhor caminho

Como eu afirmei anteriormente, a análise superficial das métricas pode enganar, levando-nos a crer que algumas refatorações vão melhorar o código. Vamos rever nossos problemas:

1. Alto acoplamento e baixa coesão, pois apresenta um alto índice de **RFC** e só possui uma única classe, com mais de 300 linhas. Além disto, não há separação das camadas lógicas (apresentação, lógica de negócio e persistência);

2. Alta complexidade ciclomática. A complexidade média da classe (54) e do método (7,7) está muito alta. Isto prejudica a manutenção e a testabilidade do código, e pode ser a razão de não existirem "scripts" de teste;

3. Alta vulnerabilidade a mudanças. Isto é claramente demonstrado pelo índice de 100% de **instabilidade** da única classe do sistema, como marcado pelo relatório do JDepend, e também porque estão sendo feitos vários procedimentos manuais, que poderiam ser automatizados (análise do XML por substring, gravação no banco por SQL e impressão de um relatório procedural).

O procedimento mais indicado é uma Reengenharia nesse sistema, só que aproveitando a documentação que já existe.

Como o sistema só tem uma classe, isto não seria uma refatoração?

Não é verdade. As refatorações são pequenas e pontuais. Nós vamos reescrever o sistema inteiro, que, por acaso, é composto por uma só classe.

Vamos estruturar o código com três objetivos em vista:

1. Substituir "procedimento" por "configuração;
2. Separar em camadas lógicas;
3. Encapsular as macrofunções do código.

Procedimento x configuração

De acordo com os itens 2 ("Alta complexidade ciclomática") e 3 ("Alta vulnerabilidade a mudanças") do nosso reconhecimento da dívida técnica, temos um código de alta complexidade, voltando, principalmente, para procedimentos que realizam as três principais funções do código: análise do XML, inserção no banco de dados e geração de relatório.

Se conseguirmos substituir estes procedimentos por algum framework ou pacote de componentes configuráveis, vamos diminuir significativamente os dois problemas (complexidade e vulnerabilidade – instabilidade). Logo, é preciso procurar por soluções que realizem essas tarefas, permitindo-nos substituir os procedimentos por configurações.

Separar em camadas lógicas

O sistema claramente tem funções lógicas separadas: apresentação, lógica de negócios e persistência.

A apresentação é necessária para trocar informações com o usuário, logo, vamos precisar separar o código e desacoplá-lo das outras camadas. A camada de "Apresentação" só deve "conversar" com a camada de "Lógica de Negócios", que realiza as funções.

A camada de "Lógica de Negócios" deve executar as funções, gerando os resultados esperados de forma independente das outras camadas.

E, finalmente, a camada de "Persistência" deve gravar os alertas no banco de dados de forma independente das outras camadas.

Encapsular as macrofunções

A camada de "Lógica de Negócios", no nosso caso, é dividida em três funções distintas: analisar o XML, gravar no banco e gerar um relatório. Temos que criar um

164 | **Qualidade de Software na Prática**

"Controlador de Negócios" que demande a execução dessas funções,e devemos separar cada "função" em sua própria camada.

Podemos fazer isto criando abstrações que representem o "Comportamento" esperado de cada função. Isto é a aplicação do princípio DIP (Dependency Inversion Principle ou Princípio de Inversão de Dependências). Desta forma, nós "encapsulamos" as macrofunções, diminuindo o acoplamento entre os componentes.

Abordagem em "camadas"

Eu coloquei entre aspas para diferenciar de camadas lógicas. A abordagem que usarei é igual a descascar uma cebola: camada por camada de casca, até que fiquemos satisfeitos com o resultado.

O código está muito ruim, logo, vamos atacar 20% das causas de 80% dos problemas. Este é o nosso foco, e não produzir um código bonito, academicamente falando. As primeiras versões que vamos gerar podem não estar ótimas, mas serão bem melhores do que o sistema atual. Mantenha isto em mente ao tentar reduzir a dívida técnica.

O código-fonte com o resultado da Reengenharia está em "processadorAlertas Resultado1.zip"

Trocando procedimento por configuração

Como vimos anteriormente, o sistema faz três procedimentos:

• Análise (parsing) de um arquivo XML;

• Inserção no banco de dados;

• Geração de relatório.

Vejamos as soluções para cada um desses procedimentos, de modo que possamos substituir grande parte do código pela configuração de frameworks.

Análise do XML

O código-fonte analisa o XML manualmente, comparando até mesmo a abertura e o fechamento datag. Isto é coisa de trogloditas! Existem várias soluções para analisar um XML.

Podemos começar obtendo (ou criando) um esquema XML para o arquivo. O esquema define, entre outras coisas, regras de validação, retirando do código-fonte esta responsabilidade. Certamente, o fornecedor do software de monitoração disponibiliza um arquivo "xsd" em seu site Web. Se não o fizer, podemos criar um arquivo rapidamente. Eis o esquema do arquivo de monitoração:

```xml
<?xml version="1.0" encoding="UTF-8"?>
<xsd:schema xmlns:xsd="http://www.w3.org/2001/XMLSchema"
        targetNamespace="http://
novoprocessadoralertas.example.org"
        xmlns="http://novoprocessadoralertas.example.org"
        elementFormDefault="qualified">
    <xsd:complexType name="tipoOrigemAlerta">
    <xsd:all>
            <xsd:element name="idItemConfiguracao"
type="xsd:string"></xsd:element>
            <xsd:element name="dataHoraRegistro"
type="xsd:dateTime"></xsd:element>
                <xsd:element name="codigoDeEvento">
                        <xsd:simpleType>
                        <xsd:restriction base="xsd:int">
                        <xsd:enumeration value="1"/>
                        <xsd:enumeration value="2"/>
                        <xsd:enumeration value="3"/>
                        </xsd:restriction>
                        </xsd:simpleType>
                </xsd:element>
                <xsd:element name="codigoDeSituacao">
                    <xsd:simpleType>
                    <xsd:restriction base="xsd:integer">
                    <xsd:minInclusive value="0"/>
                    <xsd:maxInclusive value="2"/>
                    </xsd:restriction>
                    </xsd:simpleType>
                </xsd:element>
        </xsd:all>
    </xsd:complexType>

    <xsd:complexType name="tipoListaAlertas">
        <xsd:sequence>
            <xsd:element name="listaAlertas"
type="tipoOrigemAlerta" maxOccurs="unbounded" minOccurs="1"></
xsd:element>
        </xsd:sequence>
    </xsd:complexType>
```

Qualidade de Software na Prática

```
<xsd:element name="alertas" type="tipoListaAlertas"></
xsd:element>

</xsd:schema>
```

Note que definimos no esquema os valores possíveis para os campos "codigoDeEvento" e "codigoDeSituacao", além de estabelecer uma restrição para o campo "dataHoraRegistro" (datetime).

Isto substitui várias linhas no código-fonte, por exemplo, no método "processarTag()":

```
try {
      Calendar calendar = DatatypeConverter.parseDateTime
(texto);
}
catch (Exception ex) {
        throw new Exception("data");
}
...
switch(cdEventoDB) {
                    case 1:
                    case 2:
                    case 3:
                        break;
                    default:
                        throw new Exception("codigo
Evento");
}
...
if (cdSitDB < 0 || cdSitDB > 2) {
      throw new Exception("codigoSituacao");
}
```

Não precisamos verificar o conteúdo dos campos, pois a validação do domínio está assegurada pelo esquema.

Outra preocupação que podemos deixar de ter é verificar a sequência das tags, pois o esquema já se encarrega disto e utiliza "all" (xsd:all), indicando que a ordem não importa. Logo, podemos retirar vários comandos do código-fonte:

```
if (!lastTag.equals("listaAlertas")) {
        throw new Exception("item fora de ordem");
}
```

Capítulo 7 - Reduzindo a Dívida Técnica | **167**

```
. . .
if (!lastTag.equals("idItemConfiguracao")) {
        throw new Exception("data fora de ordem");
}
. . .
if (!lastTag.equals("dataHoraRegistro")) {
        throw new Exception("evento fora de ordem");
}
. . .
if (!lastTag.equals("codigoEvento")) {
        throw new Exception("codigoSituacao fora de ordem");
}
```

Só pelo uso do esquema, retiramos vários comandos do código-fonte e como são decisões, estamos reduzindo a complexidade ciclomática do código.

Para validar um arquivo XML utilizando um esquema, podemos trabalhar de várias formas. Para começar, podemos usar as classes que lidam com o XML:

- javax.xml.transform.Source
- javax.xml.validation.SchemaFactory
- javax.xml.validation.Schema
- javax.xml.validation.Validator

Vejamos um exemplo simples:

```
try {
        final SchemaFactory schemaFactory =
SchemaFactory.newInstance(XMLConstants.W3C_XML_SCHEMA_NS_URI);
        final Schema schema = schemaFactory.newSchema(new
StreamSource(
getClass().getClassLoader().getResourceAsStream("alertas.xsd")));
        Validator validator = schema.newValidator();
        Source xmlFile = new StreamSource(new
File("alertasprod.xml"));
        validator.validate(xmlFile);
        System.out.println("OK");
}
catch (Exception e) {
        e.printStackTrace();
}
```

168 | **Qualidade de Software na Prática**

Análise utilizando DOM

Podemos analisar um XML utilizando as classes:

- org.w3c.dom.Document
- org.w3c.dom.Element
- org.w3c.dom.NodeList
- org.xml.sax.InputSource
- javax.xml.parsers.DocumentBuilder
- javax.xml.parsers.DocumentBuilderFactory

Veja um exemplo:

```
File fXmlFile = new File(uiPath);
DocumentBuilderFactory dbFactory = DocumentBuilderFactory
.newInstance();
DocumentBuilder dBuilder = dbFactory.newDocumentBuilder();

InputStream is = new FileInputStream(uiPath);
Reader reader = new InputStreamReader(is, "UTF-8");
InputSource source = new InputSource(reader);
source.setEncoding("UTF-8");
Document doc = dBuilder.parse(source);
doc.getDocumentElement().normalize();
Element root = doc.getDocumentElement();

screenData.uiid =
 Integer.parseInt(root.getElementsByTagName("uiid").item(0).get
TextContent());
NodeList nos = root.getElementsByTagName("title");
```

Podemos pegar elementos individuais ou uma lista de nós, o que nos permite analisar o documento de maneira nãolinear.

Podemos também executar "queries" XPath, pegando diretamente os elementos desejados.

Java-XML Binding

Também existem soluções que permitem traduzir diretamente um documento XML em instâncias de classes Java, poupando tempo e trabalho. Isto se chama "Java-XML Binding".

A plataforma Java possui o padrão JAXB (Java Architecture for XML Binding) baseado no JSR 222. O JAXB nos permite gerar classes diretamente a partir de esquemas XML e a classe javax.xml.bind.Unmarshaller nos permite ler um XML e criar instâncias dessas classes.

Talvez esta seja uma solução melhor do que utilizar o DOM, pois estaremos indo na direção de substituir procedimentos por configuração. Eis um exemplo do uso de "binding":

```
final SchemaFactory schemaFactory = SchemaFactory.new
Instance(XMLConstants.W3C_XML_SCHEMA_NS_URI);
    final Schema schema = schemaFactory.newSchema(new
StreamSource(
            getClass().getClassLoader().getResourceAsStream
("alertas.xsd")));
    final Unmarshaller unmarshaller =
context.createUnmarshaller();
    unmarshaller.setSchema(schema);
    unmarshaller.setEventHandler(new ValidationEventHandler() {
            public boolean handleEvent(ValidationEvent
event) {
                    events.add(event);
                    return true;
            }
        });

    final Object object = unmarshaller.unmarshal(xmlFile);
```

Desta forma, validamos e transformamos o XML em instâncias de classes, automaticamente e sem muito código de procedimento.

Inserção no banco de dados

Precisamos buscar uma solução que "desacople" o banco de dados do código. Precisamos da independência do fornecedor e da localização do banco de dados. E como estamos só inserindo, temos que simplificar este processo.

170 | Qualidade de Software na Prática

Bem, sem dúvida alguma, o Hibernate e o JPA (Java Persistence API) podem ajudar. Os críticos de plantão dirão: "usar o Hibernate para isso é dar tiro de canhão para matar passarinho!"

Porém, usar um software de mapeamento O/R, como o Hibernate, pode ser a solução para os nossos problemas, pois, além de permitir a independência do banco de dados, também diminui a quantidade de código-fonte no sistema, além de diminuir também a sua complexidade.

E existem pacotes, como o Hyper JAXB 3 (http://confluence.highsource.org/display/HJ3/Home), que permitem unir o Java XML Binding ao mapeamento O/R, criando classes que também são entidades Hibernate. Isto nos permite poupar tempo e esforço, integrando as duas soluções.

Impressão do relatório

O último procedimento que o sistema precisa fazer é gerar um relatório, preferencialmente em PDF. Existem vários produtos e frameworks excelentes para gerar relatórios, como, por exemplo, o JasperReports (http://community.jaspersoft.com/project/jasperreports-library), que pode ser utilizado junto com o IReport (http://community.jaspersoft.com/project/ireport-designer).

E existem outras soluções... Por exemplo, eu recebo um XML, certo? Se eu utilizar o XSL, conseguirei transformar esse arquivo em qualquer outro formato. Existe um produto open source, do grupo Apache, chamado FOP (http://xmlgraphics.apache.org/fop/), que lê um arquivo XML e, baseado nas instruções de formatação, gera a saída desejada. As instruções ficam em um arquivo XSL especial, conhecido como XSL-FO, que contém as instruções para formatar o relatório.

Desta forma, eu consigo pegar o XML original, aplicar um formato e gerar um PDF, sem a intervenção do usuário.

Parece ser uma solução mais simples do que usar JasperReports.

Separação em camadas lógicas

Certamente, não podemos ficar com um código monolítico, pois irá atrapalhar totalmente a manutenção e a evolução. O que podemos fazer é separar as camadas:

• Apresentação: classe que faz interface com o usuário e invoca os serviços que realizarão os procedimentos;

- Persistência: classes que persistem os objetos lidos do XML no banco de dados;
- Lógica de negócio: classes que transformam o XML;
- Relatório: classes que geram a saída.

Para isto, eu dividi o projeto em pacotes:

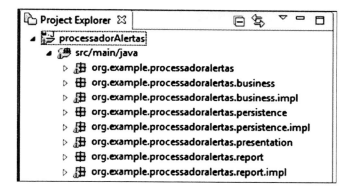

"*Peraí*"! O sistema ficou mais complicado! Antes, era possível fazer tudo com uma só classe, e pequena! Agora tem esse monte de pacotes!

Calma... Sente-se em posição de lótus e cante: "OMMMMMM", em tom lá fundamental. Depois de se acalmar, preste atenção: Qualidade não significa simplicidade! O código anterior era MONOLÍTICO, ou seja, todas as camadas lógicas eram misturadas em uma só classe, dificultando a manutenção. Agora, o código foi dividido em camadas distintas.

Alguns desses pacotes são abstratos, cuja implementação está em um pacote separado ("business" e "business.impl", "persistence" e "persistence.impl"), o que me permite aumentar a flexibilidade do código.

Camada de apresentação

A camada de apresentação está no pacote "org.example.processadoralertas. presentation" e eu criei apenas uma classe: "MainScreen". Essa classe inicializa a janela da aplicação, que é baseada no Javax/Swing e é derivada de JFrame. Sua responsabilidade é servir de interface para as macrofunções do sistema.

172 | **Qualidade de Software na Prática**

Note que eu diminuí as suas responsabilidades, minimizando as chances de alterações.

Essa classe tem vários métodos, mas o que nos interessa mais é o "executar()". Vou reproduzi-lo aqui para podermos analisá-lo:

```
protected void executar() {
        try {
                String path =
        this.getClass().getClassLoader().getResource("alertasprod.xml")
.getPath();

                // Lê e valida o XML, gerando uma estrutura de
objetos

                XMLUnmarshaller xun = new XMLUnmarshallerImpl();
                File xmlOK = new File(path);
                if (!xmlOK.exists()) {
                        throw new Exception("ARQUIVO INEXISTENTE");
                }
                TipoListaAlertas tpa = xun.unmarshall(xmlOK);

                // Gera o relatório do XML lido:

                File dir = new
        File(this.getClass().getClassLoader().getResource
(".").getPath());
                dir = new File(dir.getParent() + "/target-files");
                if(!dir.exists()) {
                        dir.mkdirs();
                }
                GeradorRelatorioXML gerador = new GeradorR
elatorioXMLImpl();
                gerador.gerarRelatorio(xmlOK, new File(dir
.getPath() +
                                "/saida.pdf"));
                // Atualiza o banco de dados:
                AlertasDAO dao = new AlertasDAOImpl();
                dao.persistAll(tpa);
        }
        catch (Exception e) {
                logger.error("Exception ao processar arquivo: " +
e.getMessage());
```

```
            JOptionPane.showMessageDialog(this,
                "Exception ao processar arquivo: " +
e.getMessage());
            }
    }
```

É um "Business Controller", que recebe o pedido e encaminha para as classes que executam os serviços. Idealmente, ele deveria estar em uma classe separada, diminuindo o acoplamento com a camada de apresentação. Porém, vamos deixá-lo aqui mesmo, por enquanto. Por quê? Bem, temos dívidas maiores a saldar, logo, vamos trabalhar "em camadas", atacando, primeiramente, os 20% de causas de 80% dos problemas.

Eu costumo fazer analogia com a pintura de uma parede. Primeiramente, passamos massa para cobrir as falhas, depois, lixamos, depois, aplicamos algumas "demãos" de tinta, e só depois fazemos o acabamento, pintando as bordas com cuidado, aplicando mais tinta, lixando alguns pontos etc.

Nós não passaremos de "péssimo" para "ótimo", pois, geralmente, gastaremos mais tempo, mais recursos e iremos acabar com um grande pesadelo nas mãos.

Camada de lógica de negócios

Na verdade, eu dividi a camada de lógica em outras:

• O controlador está no pacote "presentation" (método "executar()");
• O analisador de XML está no pacote "business";
• O gerador de relatório está no pacote "report".

Como eu disse, não é o ideal, mas é um começo.

Cada pacote de "negócios" tem uma abstração:

```
package org.example.processadoralertas.business;

import java.io.File;

import org.example.processadoralertas.TipoListaAlertas;

public interface XMLUnmarshaller {
```

174 | **Qualidade de Software na Prática**

```
        public TipoListaAlertas unmarshall(File xmlFile)
throws Exception;
    }

    package org.example.processadoralertas.report;

    import java.io.File;

    public interface GeradorRelatorioXML {
        public void gerarRelatorio(File XMLoriginal, File
pathRelatorio) throws Exception;
    }
```

Desta forma, nós "encapsulamos" as macrofunções do sistema, seguindo o princípio DIP. Mais uma vez, o ideal é que utilizemos algum mecanismo de "injeção de dependências" para podermos realmente diminuir o acoplamento, porém, vamos seguir nossa abordagem combinada.

Análise do XML

Para analisar o XML, eu preferi utilizar a solução "Hyperjaxb3" (http://xircles.codehaus.org/projects/hyperjaxb3), que lê o esquema XML, cria as classes de entidade, já as associando ao Hibernate. A configuração do HyperJAXB3 é simples, basta colocar o esquema na pasta "src/main/resources", configurar o "pom.xml" e rodar o "mvn clean install". Ele criará as classes dentro de "target/generated-sources". Depois, é só copiar para o pacote correto.

Eis a configuração do "pom.xml":

```
    <build>

        <pluginManagement>
        <plugins>
            <plugin>
                <groupId>org.jvnet.hyperjaxb3</groupId>
                <artifactId>maven-hyperjaxb3-plugin</
artifactId>
                <version>0.5.6</version>
                <executions>
                    <execution>
                        <goals>
                            <goal>generate</goal>
                        </goals>
```

```
                </execution>
            </executions>
            <configuration>
                <extension>true</extension>
                <roundtripTestClassName>RoundtripTest
                </roundtripTestClassName>
            </configuration>
        </plugin>

    </plugins>
    </pluginManagement>
</build>
```

A minha implementação da interface "XMLUnmarshaller" utiliza as classes geradas pelo hyperjaxb3, que são:

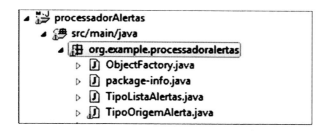

Ele gerou duas classes de modelo - "TipoListaAlertas" e "TipoOrigemAlerta" - baseadas no meu esquema XML:

```
<xsd:complexType name="tipoOrigemAlerta">
    <xsd:all>
        <xsd:element name="idItemConfiguracao"
                type="xsd:string"></xsd:element>
<xsd:element name="dataHoraRegistro"
                type="xsd:dateTime"></xsd:element>
        <xsd:element name="codigoDeEvento">
                <xsd:simpleType>
                <xsd:restriction base="xsd:int">
                <xsd:enumeration value="1"/>
                <xsd:enumeration value="2"/>
                <xsd:enumeration value="3"/>
                </xsd:restriction>
                </xsd:simpleType>
        </xsd:element>
```

176 | **Qualidade de Software na Prática**

```xml
            <xsd:element name="codigoDeSituacao">
                <xsd:simpleType>
                <xsd:restriction base="xsd:integer">
                <xsd:minInclusive value="0"/>
                <xsd:maxInclusive value="2"/>
                </xsd:restriction>
                </xsd:simpleType>
                </xsd:element>
        </xsd:all>
    </xsd:complexType>

    <xsd:complexType name="tipoListaAlertas">
        <xsd:sequence>
            <xsd:element name="listaAlertas" type="tipo
OrigemAlerta"
                    maxOccurs="unbounded" minOccurs="1"></
xsd:element>
        </xsd:sequence>
    </xsd:complexType>
```

Na minha classe de implementação (pacote: org.example.processadoralertas.business.impl) "XMLUnmarshallerImpl", eu uso o JAXB para transformar o XML em instâncias dessas classes:

```java
        public TipoListaAlertas unmarshall(File xmlFile)
throws Exception {
            TipoListaAlertas listaAlertas = null;
            final List<ValidationEvent> events = new
                LinkedList<ValidationEvent>();
            try {
                final SchemaFactory schemaFactory =
                    SchemaFactory
                    .newInstance(XMLConstants.W3C_XML_
SCHEMA_NS_URI);
                final Schema schema = schemaFactory
                    .newSchema(new StreamSource(
                        getClass()
                        .getClassLoader()

        .getResourceAsStream("alertas.xsd")));
                final Unmarshaller unmarshaller =
                    context.createUnmarshaller();
                unmarshaller.setSchema(schema);
                unmarshaller.setEventHandler(new
ValidationEventHandler() {
```

```
                                public boolean handleEvent
(ValidationEvent event) {

                                        events.add(event);
                                        return true;
                                }
                        });

                        final Object object = unmarshaller
.unmarshal(xmlFile);
                        if (events.size() > 0) {
                                throw new Exception("XML invalido: "
                                        + events.toString());
                        }
                        listaAlertas =
                                ((JAXBElement<TipoListaAlertas>)
object).getValue();
                }
                catch (Exception e) {
                        logger.error("Exception no metodo unmarshall: "
                                + e.getMessage());
                        throw(e);
                }
                return listaAlertas;
        }
```

Se houver algum problema no arquivo XML, ele será apresentado na saída do meu **Log4J.**

Geração do relatório

Eu procurei seguir o que o usuário pediu, ou seja, ele quer o relatório em PDF. A solução atual imprime o relatório e, dependendo do sistema operacional, é necessário instalar uma "impressora PDF" para podermos gerar o arquivo.

Eu utilizei o Apache FOP para gerar o relatório. Primeiramente, criei um arquivo XSL-FO que formata a impressão. Ele fica em "src/main/resources/alertasfo.xsl", que é associado aos elementos do nosso esquema XML. Vou mostrar só a parte que pega os valores do XML, mas você pode ver o arquivo na íntegra dentro do código-fonte do livro:

```
<xsl:template match="p:listaAlertas">
<fo:table-row>
<fo:table-cell>
```

178 | Qualidade de Software na Prática

```xml
<fo:block>
<xsl:value-of select="p:idItemConfiguracao"/>
</fo:block>
</fo:table-cell>
<fo:table-cell>
<fo:block>
<xsl:value-of select="p:dataHoraRegistro"/>
</fo:block>
</fo:table-cell>
<fo:table-cell>
<fo:block>
<xsl:value-of select="p:codigoDeEvento"/>
</fo:block>
</fo:table-cell>
<fo:table-cell>
<fo:block>
<xsl:value-of select="p:codigoDeSituacao"/>
</fo:block>
</fo:table-cell>
</fo:table-row>
</xsl:template>
```

Se você não souber ou não quiser criar o arquivo XSL-FO manualmente, poderá utilizar um software de desenho, como, por exemplo, o XF Designer (http://www.ecrion.com/landingpage/xfdesigner.aspx).

Eu estou lendo o XML e gerando o relatório dentro da minha classe "GeradorRelatorioXMLImpl" (pacote: org.example.processadoralertas.report.impl). Eis o método que gera o relatório:

```java
public void gerarRelatorio(File XMLoriginal, File
pathRelatorio) throws Exception {

        try {
            File xmlfile = XMLoriginal;
            if (!xmlfile.exists()) {
        throw new Exception("XML Inexistente");
            }
            File xsltfile = new File(XMLoriginal.getParent(),
xslFoName);
            if (!xsltfile.exists()) {
        throw new Exception("XSL-FO Inexistente");
            }

            File pdffile = pathRelatorio;
```

Capítulo 7 - Reduzindo a Dívida Técnica | 179

```java
        final FopFactory fopFactory = FopFactory.
newInstance();   //FopFactory.newInstance(new File(".").toURI());
        FOUserAgent foUserAgent = fopFactory.newFOU
serAgent();
        OutputStream out = new java.io.FileOutputStream
(pdffile);
        out = new java.io.BufferedOutputStream(out);

        try {
            Fop fop = fopFactory.newFop(MimeConstants.
    MIME_PDF,
                    foUserAgent, out);
            TransformerFactory factory = Transformer
Factory.newInstance();
            Transformer transformer = factory.
newTransformer(new
                    StreamSource(xsltfile));
            transformer.setParameter("versionParam", "2.0");
            Source src = new StreamSource(xmlfile);
            Result res = new SAXResult(fop.getDefaultHandler());

            transformer.transform(src, res);

        } finally {
            out.close();
        }

        System.out.println("Success!");
    } catch (Exception e) {
        throw(e);
    }
}
```

Você viu algum "loop" aí? Tudo é código de instanciamento e configuração. Mais nada. Assim, eliminamos a geração procedural do relatório, e tem mais: ele não imprime diretamente, mas gera um arquivo PDF na saída, o que permite automatizar ainda mais o sistema.

Camada de persistência

A camada de persistência utiliza o Hybernate para gravar os dados. Com isto, reduzi significativamente o código procedural do sistema. E, ainda por cima, eu uso as classes criadas pelo hyperjaxb3, cujas instâncias foram obtidas a partir do XML.

180 | **Qualidade de Software na Prática**

Eu tenho uma camada abstrata, com uma interface que representa o meu DAO (Data Access Object):

```
package org.example.processadoralertas.persistence;
import org.example.processadoralertas.TipoListaAlertas;

public interface AlertasDAO {
        public boolean persistAll(TipoListaAlertas alertas)
throws Exception;
        }
```

E tenho a sua implementação em uma classe concreta, "AlertasDAOImpl" (pacote: org.example.processadoralertas.persistence.impl). O método principal é este:

```
        public boolean persistAll(TipoListaAlertas alertas)
throws Exception {
                try {
                        final EntityManager saveManager = entity
ManagerFactory
                                .createEntityManager();
                        saveManager.getTransaction().begin();
                        saveManager.persist(alertas);
                        saveManager.flush();
                        saveManager.getTransaction().commit();
                        saveManager.close();

                        return true;
                }
                catch (Exception e) {
                        logger.error("Erro ao persistir alertas: " +
e.getMessage());
                        throw (e);
                }

        }
```

Ridículo, não? O sistema original utilizava SQL e um código procedural para gravar o banco...

A definição da unidade de persistência fica dentro de "src/main/resources/META-INF/persistence.xml". Eu criei um arquivo de propriedades com os dados da PU, que fica dentro de "src/main/resources/persistence.properties", onde declaro os dados do meu SGBD. Desta forma, eu consigo manter a independência do banco de dados.

Criar testes

O código-fonte, agora, está bem estruturado, logo, é o momento de criarmos testes para ele. Mas, o que precisamos testar? A princípio, precisamos testar cada macrofunção do nosso código:

- Testar a análise de XML, tanto bem-sucedida como malsucedida;
- Testar a persistência, incluindo as falhas;
- Testar a geração do relatório.

Eu criei vários testes para isto e você irá encontrá-los na pasta "src/test/java", dentro do pacote "org.example.processadoralertas.test".

Vejamos um exemplo - "TestUnmarshalling":

```java
public class TestUnmarshalling {

        @Test
        public void testUnmarshallerOK() {

                try {
                        String path =
                                this.getClass()
                                .getClassLoader()
                                .getResource("alertasprod.xml")
.getPath();
                        XMLUnmarshaller xun = new XMLUnmarshaller
Impl();

                        File xmlOK = new File(path);

                        if (!xmlOK.exists()) {
                                fail("ARQUIVO INEXISTENTE");
                        }
                        TipoListaAlertas tpa = xun.unmarshall(xmlOK);
                        assertTrue(tpa != null);
                        assertTrue(tpa.getListaAlertas().size() == 1);
                        TipoOrigemAlerta alerta = tpa.getListaAlertas().
get(0);

                        assertTrue(alerta != null);
                        assertTrue(alerta.getIdItemConfiguracao().
equals("xt45103"));
```

182 | Qualidade de Software na Prática

```
                        XMLGregorianCalendar xcal = alerta.get
DataHoraRegistro();
                        assertTrue(xcal.getDay() == 1
                            && xcal.getMonth() == 12
                            && xcal.getYear() == 2012
                            && xcal.getHour() == 12
                            && xcal.getMinute() == 0
                            && xcal.getSecond() == 0);
                        assertTrue(alerta.getCodigoDeEvento() == 1);
                        assertTrue(alerta.getCodigoDeSituacao() == 0);

                        // Testa com o outro construtor:

                        xun = new
                            XMLUnmarshallerImpl("org.example.
processadoralertas");

                        tpa = xun.unmarshall(xmlOK);
                        assertTrue(tpa != null);
                        assertTrue(tpa.getListaAlertas().size() == 1);
                        alerta = tpa.getListaAlertas().get(0);
                        assertTrue(alerta != null);
                        assertTrue(alerta.getIdItemConfiguracao().
equals("xt45103"));
                        xcal = alerta.getDataHoraRegistro();
                        assertTrue(xcal.getDay() == 1
                            && xcal.getMonth() == 12
                            && xcal.getYear() == 2012
                            && xcal.getHour() == 12
                            && xcal.getMinute() == 0
                            && xcal.getSecond() == 0);
                        assertTrue(alerta.getCodigoDeEvento() == 1);
                        assertTrue(alerta.getCodigoDeSituacao() == 0);

                } catch (Exception e) {
                        fail(e.getMessage());
                }
            }

        }
```

Não tem nada demais, sendo apenas um teste comum. Se você gosta de usar TDD, então, prefere a opção "Test First", logo, poderia utilizar algum software Mock, como o JMock (http://jmock.org/) e injetar o comportamento a partir da interface "XMLUnmarshaller".

Porém, o importante é notar que existem testes para provocar falhas, tais como:

- "TestFailPersistence.java": provoca vários problemas na persistência dos alertas;
- "TestFailReport.java": testa vários problemas com o FOP;
- "TestInvalidPUname.java": testa uma PU inválida;
- "TestInvalidXML.java": simula um arquivo XML inválido.

Por exemplo, o teste "TestFailPersistence" é assim:

```
public class TestFailPersistence {
    @Test
    public void testSave() {
        try {
            String path = this.getClass()
                .getClassLoader()
                .getResource("alertasprod.xml")
                .getPath();
            XMLUnmarshaller xun = new XMLUnmarshaller
Impl();

            File xmlOK = new File(path);
            TipoListaAlertas tpa = xun.unmarshall(xmlOK);

            // Testa o nome da PU inválido

            try {
                AlertasDAO dao =
                new AlertasDAOImpl("bobagem", "persistence.
properties");

                dao.persistAll(tpa);
                fail("Deveria ter dado exception!");
            }
            catch (Exception e) {
                assertTrue(e.getMessage()
                    .contains("No Persistence
provider"));
            }

            // Testa o nome do arquivo properties inválido

            try {
                AlertasDAO dao =
```

Qualidade de Software na Prática

```
                      new AlertasDAOImpl("org.example.
processadoralertas",
                          "bobagem");
                      dao.persistAll(tpa);
                      fail("Deveria ter dado exception!");
              }
              catch (Exception e) {
                      assertTrue(e instanceof NullPointer
Exception);

              }

              // Testa exception ao persistir

              try {
                      AlertasDAO dao =
                      new AlertasDAOImpl("org.example.
processadoralertas",
                          "persistence.properties");
                      dao.persistAll(tpa);
                      dao.persistAll(tpa);
                      fail("Deveria ter dado exception!");
              }
              catch (Exception e) {
                      assertTrue(e instanceof
          javax.persistence.PersistenceException );
                      }

              }
              catch (Exception e) {

              }
      }
```

Eu testo várias situações, provocando problemas e verificando quais foram os resultados que obtive. É muito importante testar outros caminhos, além do "happy path".

Primeira avaliação

Bem, se o sistema passou nos testes, então, chegou a hora de avaliarmos o código. Vamos rodar mais um "build" usando o Sonar:

1. Suba o servidor Sonar;

2. Rode "mvn sonar:sonar".

Eu vou reproduzir os dois "dashboards" do Sonar: primeiro o novo e, depois, o original (antes desta reengenharia).

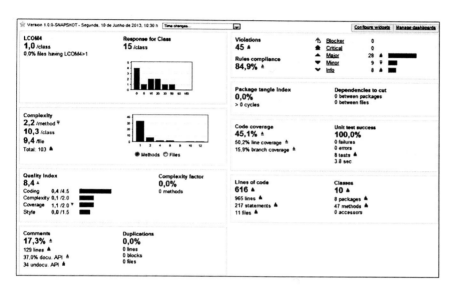

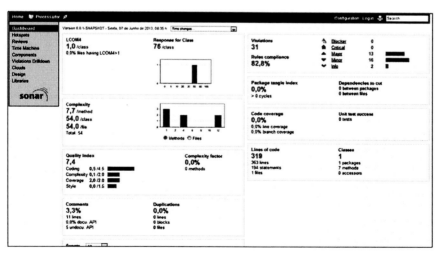

186 | **Qualidade de Software na Prática**

Nós tivemos melhoras significativas nos aspectos:

- Acoplamento: RFC 15 por classe (-61 ou melhoria de 80%);
- Complexidade por método: 2,2 (-5,5 ou melhoria de 71%);
- Complexidade por classe: 10,3 (-43,7 ou melhoria de 80%);
- Média de linhas de código por classe: 61,2 (-257,4 ou melhoria de 80%);
- Cobertura de testes: 45,1% (melhoria de 45,1%);
- Quality Index: 8,4 (+1).

Tivemos algumas pioras, por exemplo, em violações de regras, mas nada significativo. A razão é porque criamos mais código, logo, aumentamos o risco de violar as regras.

Foi possível reduzir muito a complexidade do código, aumentando também sua cobertura de testes e diminuindo sua vulnerabilidade. Nós distribuímos o risco de manutenção conforme o relatório do JDepend.

Os pacotes abstratos são mais estáveis que os pacotes concretos, o que indica que estamos próximos da linha de Distância da sequência principal. Os pacotes concretos são mais sujeitos a alterações. Note que o pacote "presentation" está com um índice 100% de instabilidade.

Como eu disse anteriormente, há espaço para melhorar muito esses números, porém, vamos seguir nossa abordagem "cebola" e verificar se já é suficiente ou devemos investir mais.

Dívida restante

Melhoramos muito o sistema, o que pode ser comprovado pelas reduções fantásticas de complexidade e acoplamento, além do aumento de cobertura dos testes. Porém, ainda existe um resíduo de dívida técnica que pode ser reduzida:

- Aumentar a cobertura dos testes;
- Reduzir a vulnerabilidade da camada de apresentação;
- Reduzir o acoplamento com a camada de apresentação;
- Documentar a API;
- Diminuir as violações das regras.

Vamos trabalhar para criar uma versão melhor, só que agora não é necessária uma reengenharia, mas apenas algumas refatorações.

A nova versão com estas alterações está em "processadorAlertas Resultado2.zip".

Aumentando a cobertura dos testes

Uma das coisas boas do Sonar é a possibilidade de detalhar os problemas, fazendo um "drill-down" nos itens. Se clicarmos no valor 45,1%, dentro do "widget" Code Coverage, poderemos ver quais são os pacotes e as classes que apresentam menor cobertura dos testes.

MainScreen	0,0%
TipoListaAlertas	19,1%
TipoOrigemAlerta	28,4%
ObjectFactory	50,0%

Isto pode ser conferido também pelo relatório do plugin "Cobertura":

Coverage Report - All Packages

Package	# Classes	Line Coverage	Branch Coverage	Complexity
All Packages	14	30%	13%	2,06
org.example.processadoralertas	4	34%	3%	2,107
org.example.processadoralertas.business	1	N/A N/A	N/A N/A	1
org.example.processadoralertas.business.impl	2	100%	100%	2,2
org.example.processadoralertas.persistence	1	N/A N/A	N/A N/A	1
org.example.processadoralertas.persistence.impl	1	100%	N/A N/A	2,25
org.example.processadoralertas.presentation	3	0%	0%	1,714
org.example.processadoralertas.report	1	N/A N/A	N/A N/A	1
org.example.processadoralertas.report.impl	1	100%	100%	3

Report generated by Cobertura 1.9.4.1 on 10/06/13 10:54.

Bem, temos dois tipos de classes que não foram cobertas: a classe de Apresentação "MainScreen" e as classes geradas pelo Hyperjaxb3.

Não precisamos investir em testar as classes geradas, pois temos que confiar no framework que utilizamos. Mas podemos melhorar a cobertura da classe de apresentação. Isto pode ser feito utilizando um componente automatizador de teste funcional, como o FEST (http://fest.easytesting.org).

188 | **Qualidade de Software na Prática**

Com o FEST, basta configurarmos as dependências no "pom.xml", criarmos os scripts de teste e pronto! O teste será executado. Assim, podemos aumentar a cobertura dos testes. Para começar, eis a dependência que incluí no "pom.xml":

```
<dependency>
    <groupId>org.easytesting</groupId>
    <artifactId>fest-swing</artifactId>
    <version>1.2.1</version>
</dependency>
```

O FEST é muito simples de utilizar, existindo uma boa documentação em http://docs.codehaus.org/display/FEST/Swing+Module. Vamos começar criando um teste simples, que fará o seguinte:

1. Abrir a janela principal da aplicação;

2. Clicar no botão "Localizar XML";

3. Selecionar um arquivo no diálogo de escolha de arquivos;

4. Fechar o diálogo;

5. Clicar no botão "Executar";

6. Testar a mensagem final.

Eu alterei a classe "MainScreen" para retornar uma mensagem usando JOptionPane, caso a execução tenha sido bem-sucedida. Eis o teste ("src/test/java") "TestUIselectDialog":

```
package org.example.processadoralertas.test;
import static org.junit.Assert.*;

import org.junit.After;
import org.junit.Before;
import org.junit.Test;
import org.example.processadoralertas.presentation.
MainScreen;
import org.fest.swing.annotation.GUITest;
import org.fest.swing.fixture.FrameFixture;

@GUITest
public class TestUIselectDialog {
    private FrameFixture window;

    @Before
```

```
        public void setUp() {
window = new FrameFixture(new MainScreen());
        window.show();

}

        @Test
        public void testNonExistentFile() {
            // *** Atenção: Substitua o nome do arquivo !!!
window.button("btnLocalizar").click();
            window.fileChooser().fileNameTextBox().setText("<caminho
do XML>");
            window.fileChooser().approve();
            window.button("btnExecutar").click();
            window.optionPane().requireMessage("Processamento OK");

}

        @After
        public void tearDown() {
window.cleanUp();
        }
}
```

Ao executar um "build", por exemplo, o "mvn clean package", todos os testes serão executados, incluindo este. E uma janela Swing será aberta e fechada, como se alguém estivesse usando a aplicação. Vejamos os comandos:

1 – Abrir a janela da aplicação:

```
window = new FrameFixture(new MainScreen());
window.show();
```

2 – Clicar no botão "Localizar XML":

```
window.button("btnLocalizar").click();
```

3 - Selecionar um arquivo no diálogo de escolha de arquivos:

```
window.fileChooser().fileNameTextBox().setText
("<caminho do XML>");
```

190 | **Qualidade de Software na Prática**

4 - Fechar o diálogo:

```
window.fileChooser().approve();
```

5 - Clicar no botão "Executar":

```
window.button("btnExecutar").click();
```

6 - Testar a mensagem final:

```
window.optionPane().requireMessage("Processamento OK");
```

O FEST reconhece os componentes pela propriedade "name", logo, tive que alterar a classe "MainScreen" para incluir o valor dessa propriedade ao criar os elementos Swing:

```
txtArquivo.setName("txtArquivo");
btnExecutar.setName("btnExecutar");
```

Então, usando a mesma semântica do FEST, criei mais dois testes:

• TestUI404.java: testa com um arquivo inexistente;

• TestUIinvalidFile.java: testa com um XML inválido.

Pronto! Aumentamos a cobertura! Podemos até gerar o relatório do plugin "Cobertura" para ver como estamos indo:

Package	# Classes	Line Coverage		Branch Coverage		Complexity
Coverage Report - All Packages						
All Packages	14	76%		25%		2,06
org.example.processadoralertas	4	34%		3%		2,107
org.example.processadoralertas.business	1	N/A	N/A	N/A	N/A	1
org.example.processadoralertas.business.impl	2	100%		100%		2,2
org.example.processadoralertas.persistence	1	N/A	N/A	N/A	N/A	1
org.example.processadoralertas.persistence.impl	1	100%		N/A	N/A	2,25
org.example.processadoralertas.presentation	3	94%		66%		1,714
org.example.processadoralertas.report	1	N/A	N/A	N/A	N/A	1
org.example.processadoralertas.report.impl	1	100%		100%		3
Report generated by Cobertura 1.9.4.1 on 11/06/13 06:58.						

Certamente, aumentamos a cobertura dos testes. Existem alguns pontos onde a cobertura está baixa, mas não são significativos. Podemos melhorar estes números se ignorarmos as classes geradas pelo Hyperjaxb3, que estão no pacote "org.example. processadoralertas". Para isto, alteramos no nosso "pom.xml" a configuração do plugin "Cobertura":

Capítulo 7 - Reduzindo a Dívida Técnica | 191

```xml
<build>
<pluginManagement>
<plugins>

    <!— Configuração do COBERTURA —>

    <plugin>
    <groupId>org.codehaus.mojo</groupId>
    <artifactId>cobertura-maven-plugin</artifactId>
    <version>2.5.2</version>
    <configuration>
    <instrumentation>
    <excludes>
        <exclude>
            org/example/processadoralertas/Object
Factory.class
                </exclude>
                <exclude>
            org/example/processadoralertas/Tipo
ListaAlertas.class
                </exclude>
                <exclude>
            org/example/processadoralertas/Tipo
OrigemAlerta.class
                </exclude>
        </excludes>
        </instrumentation>
        </configuration>
    <executions>
    <execution>
    <goals>
    <goal>clean</goal>
    </goals>
    </execution>
    </executions>
    </plugin>

    </plugins>
    </pluginManagement>
    </build>
```

192 | **Qualidade de Software na Prática**

Como eu mandei excluir as três classes geradas, meu relatório do plugin "Cobertura" ficou melhor:

Coverage Report - All Packages

Package	# Classes	Line Coverage		Branch Coverage		Complexity
All Packages	11	97%		83%		2
org.example.processadoralertas	1	N/A	N/A	N/A	N/A	0
org.example.processadoralertas.business	1	N/A	N/A	N/A	N/A	1
org.example.processadoralertas.business.impl	2	100%		100%		2,2
org.example.processadoralertas.persistence	1	N/A	N/A	N/A	N/A	1
org.example.processadoralertas.persistence.impl	1	100%		N/A	N/A	2,25
org.example.processadoralertas.presentation	3	94%		66%		1,714
org.example.processadoralertas.report	1	N/A	N/A	N/A	N/A	1
org.example.processadoralertas.report.impl	1	100%		100%		3

Report generated by Cobertura 1.9.4.1 on 11/06/13 07:47.

Use com muito cuidado, pois pode acabar excluindo classes relevantes.

Mexendo na camada de apresentação

Apesar de havermos reduzido significativamente os problemas, ainda estou incomodado com o alto acoplamento com a classe de apresentação. Como o cliente disse que "outras automatizações serão pensadas", provavelmente irá querer que o sistema seja executado automaticamente, atrelado a um "timer", por exemplo.

Para isto, seria necessário substituir a classe de apresentação e copiar o método "executar()", o que não é uma boa prática de programação (copy-and-paste).

Além disso, a classe "MainScreen" está sujeita a alterações na ordem e na regra de processamento, pois o controlador de negócios está embutido nela. Isto significa uma violação do SRP (Single Responsability Principle).

Então, vamos mover o método "executar()" para outra camada. Vamos criar um pacote "businessController" e criar uma interface:

```
package org.example.processadoralertas.businesscontroller;

import java.io.File;

import org.example.processadoralertas.exceptions.Invalid
XMLException;
import org.example.processadoralertas.exceptions.NoXML
Exception;

public interface ProcessarBC {
```

Capítulo 7 - Reduzindo a Dívida Técnica | 193

```
    public void executarBC (File arquivoXML) throws
NoXMLException, InvalidXMLException;
    }
```

Eu aproveitei e criei duas classes de Exception, de modo a retornar algo significativo quando acontecerem dois problemas:

- NoXMLException: arquivo XML inexistente;
- InvalidXMLException: arquivo XML inválido (não passou pela validação no esquema).

A classe de implementação ficou assim ("ProcessarBCImpl"):

```
public class ProcessarBCImpl implements ProcessarBC {

        @Override
        public void executarBC(File xmlOK) throws  NoXML
Exception,
                InvalidXMLException,
                    PersistenceException, ReportException {
                // Lê e valida o XML, gerando uma estrutura de objetos

                XMLUnmarshaller xun = new XMLUnmarshallerImpl();
                if (!xmlOK.exists()) {
                    throw new NoXMLException();
                }
                TipoListaAlertas tpa = xun.unmarshall(xmlOK);

                // Gera o relatório do XML lido:

                File dir = new
                 File(this.getClass().getClassLoader().
getResource(".").getPath());
                dir = new File(dir.getParent() + "/target-files");
                if(!dir.exists()) {
                    dir.mkdirs();
                }
                GeradorRelatorioXML gerador = new Gerador
RelatorioXMLImpl();
                gerador.gerarRelatorio(xmlOK, new File(dir.
getPath() +,
                    "/saida.pdf"));
```

194 | **Qualidade de Software na Prática**

```
        // Atualiza o banco de dados:
        AlertasDAO dao = new AlertasDAOImpl();
        dao.persistAll(tpa);
    }


}
```

Agora melhorou muito, pois desacoplei a camada de negócios da camada de apresentação. Veja o antigo método "executar()" na classe "MainScreen":

```
protected void executar() {
        String msg = null;
        int tipo = JOptionPane.ERROR_MESSAGE;
        try {
                String path = txtArquivo.getText();
                File arq = new File(path);
                bc.executarBC(arq);
                msg = "Processamento OK";
                tipo = JOptionPane.INFORMATION_MESSAGE;
        }
        catch (NoXMLException ne) {
                msg = ne.getMessage();
        }
        catch (InvalidXMLException ixml) {
                msg = ixml.getMessage();
        }
        catch (PersistenceException pe) {
                msg = pe.getMessage();
        }
        catch (ReportException re) {
                msg = re.getMessage();
        }
        catch (Exception e) {
                msg = "Exception ao processar arquivo: " +
e.getMessage();
        }
        finally {
                logger.info(msg);
                JOptionPane.showMessageDialog(this,
                        msg, "Atenção", tipo);
        }
    }
```

Capítulo 7 - Reduzindo a Dívida Técnica | 195

Ele delega a execução para a nossa Interface "ProcessadorBC" e somente faz o "meio de campo" entre o usuário e a lógica de negócios.

Documentar a API

É muito importante documentarmos a API do nosso sistema. Isto é feito com o padrão Javadoc: http://www.oracle.com/technetwork/java/javase/documentation/index-137868.html.

O que vamos documentar:

• Interfaces

• Métodos públicos das interfaces

• Métodos públicos das implementações

• Métodos privados das implementações (non-javadoc)

Eu não pretendo documentar os testes.

Podemos acrescentar o plugin para a geração automática do Javadoc no "mvn site":

```
<reporting>
    <plugins>
        ...
        <plugin>
        <groupId>org.apache.maven.plugins</groupId>
        <artifactId>maven-javadoc-plugin</artifactId>
        <version>2.9</version>
        </plugin>
        ...
    </plugins>
</reporting>
```

Agora, se gerarmos o site maven do projeto, teremos um relatório com a documentação do nosso sistema:

196 | Qualidade de Software na Prática

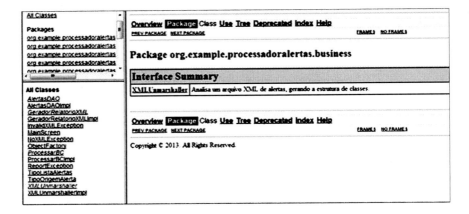

Diminuir as violações das regras

Agora que o sistema já está "bonitinho", vejamos se conseguimos diminuir um pouco as violações das regras. Para isto, vamos rodar uma análise no Sonar. Suba o servidor Sonar e rode "mvn sonar:sonar". Depois, abra o link "http://localhost:9000".

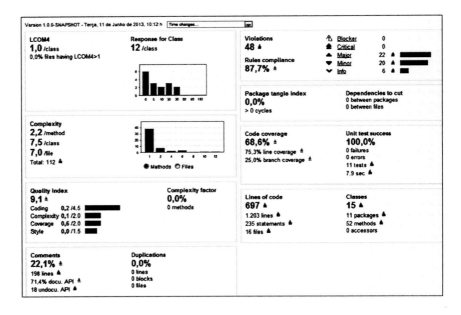

Capítulo 7 - Reduzindo a Dívida Técnica | 197

Uau! Melhoramos muito! Vamos às principais melhoras do código:

- **RFC**: caiu para 12 por classe devido ao nosso refactoring para desacoplar a camada de apresentação;
- **Rules Compliance**: aumentou para 87,7%, embora tenhamos algumas violações "Major" para ver;
- **Complexidade**: caiu a complexidade por classe e por arquivo, melhoramos mais ainda a manutenção e a testabilidade do código-fonte;
- **Code Coverage**: aumentamos a cobertura para quase 70% do código-fonte;
- **Quality Index**: subimos de 8,4 para 9,1;
- **Comments**: temos 71% de API documentada, o que é muito melhor do que os 37% do último resultado.

Realmente, este "sprint" de refatorações melhorou bem a qualidade geral do código, reduzindo ainda mais a dívida técnica. Vejamos as principais violações e para isto, clique no "48" logo abaixo de "Violations", no dashboard do Sonar.

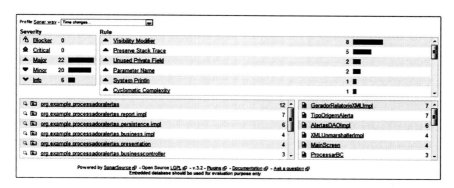

Parecem bobagens... Vamos dar uma olhada em cada problema. É só clicar nos problemas e ir em cada classe, alterando as causas.

A maior causa de erros é "Visibility Modifier". A descrição é:

"Visibility Modifier
checkstyle: com.puppycrawl.tools.checkstyle.checks.design.VisibilityModifier
Check
Checks visibility of class members. Only static final members may be public; other class members must be private unless property protectedAllowed or packageAllowed is set."

As maiores violações estão dentro das classes geradas pelo Hyperjaxb3. Vamos deixar de lado, pois podemos até configurar o Sonar para ignorá-las. Vá ao dashboard do projeto "processadorAlertas" e clique em "Exclusions", configurando o diretório onde elas estão:

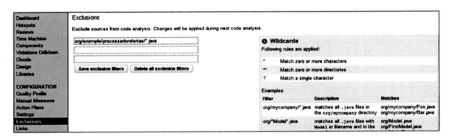

Ao repetir a análise, vemos que o número de violações caiu.

Segunda avaliação

Bem, investimos algum tempo e esforço para "limpar" as violações e conseguimos um bom resultado. Vejamos a nova avaliação do Sonar:

Capítulo 7 - Reduzindo a Dívida Técnica

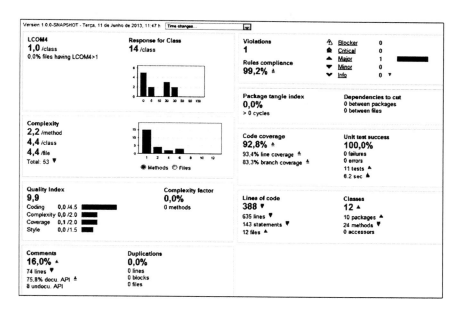

E vamos comparar com a original:

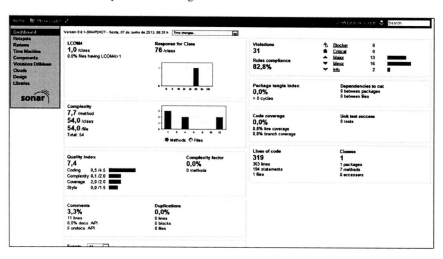

200 | Qualidade de Software na Prática

E então? Já está bom? Note que alguns números mudaram porque excluímos da análise as classes geradas pelo Hyperjaxb3. E faz sentido, pois não temos controle sobre o código-fonte gerado.

Vamos comparar os resultados alcançados com a nossa dívida técnica original:

1. Alto acoplamento e baixa coesão;

2. Alta complexidade ciclomática;

3. Alta vulnerabilidade a mudanças.

Acoplamento e coesão:

Fizemos a **RFC** cair de 76 por classe para 14 por classe, o que representa um forte indicativo de que diminuímos o acoplamento das classes. E, consequentemente, aumentamos a coesão interna, apesar do LCOM não apresentar mudança alguma.

Alta complexidade ciclomática:

Conseguimos diminuir a complexidade média:

• Por método: de 7,7 para **2,2**;

• Por classe: de 54,0 para **4,4**.

Alta vulnerabilidade a mudanças:

Podemos verificar o acoplamento de outra forma, por exemplo, vejamos o relatório do JDepend dentro do site Maven:

Package	TC	CC	AC	Ca	Ce	A	I	D	V
org.example.processadoralertas	4	3	1	5	9	25.0%	64.0%	11.0%	1
org.example.processadoralertas.business	1	0	1	2	4	100.0%	67.0%	67.0%	1
org.example.processadoralertas.business.impl	2	2	0	1	10	0.0%	91.0%	9.0%	1
org.example.processadoralertas.businesscontroller	1	0	1	2	3	100.0%	60.000004%	60.000004%	1
org.example.processadoralertas.businesscontrollerImpl	1	1	0	1	12	0.0%	92.0%	8.0%	1
org.example.processadoralertas.exceptions	3	3	0	7	1	0.0%	12.0%	88.0%	1
org.example.processadoralertas.persistence	1	0	1	2	2	100.0%	50.0%	50.0%	1
org.example.processadoralertas.persistence.impl	1	1	0	1	7	0.0%	88.0%	12.0%	1
org.example.processadoralertas.presentation	3	3	0	0	11	0.0%	100.0%	0.0%	1
org.example.processadoralertas.report	1	0	1	2	3	100.0%	60.000004%	60.000004%	1
org.example.processadoralertas.report.impl	1	1	0	1	8	0.0%	89.0%	11.0%	1

Vemos algumas classes que estão quase fora da Sequência Principal, mas todas têm explicação:

• Pacote "business.impl": É um controlador de lógica de negócios, que depende de várias classes externas e só tem uma chamada, que é do nosso BC. Realmente, é um papel com alto acoplamento mesmo;

• Pacote "businessControllerImp": É o nosso principal controlador da lógica de negócios, servindo de "fachada" para todos os outros controladores. É natural que tenha um acoplamento maior, logo, está explicado seu alto valor de instabilidade;

• Pacote "persistence.impl": Da mesma forma que os outros controladores, possui uma instabilidade maior;

• Pacote "presentation": Como toda classe de camada de apresentação, apresenta grande dependência dos componentes Swing, daí sua instabilidade;

• Pacote "report.impl": É um controlador, logo, tem maior instabilidade.

Porém, esses pacotes estão relativamente próximos à Distância da Sequência Principal, com só uma exceção, que é o pacote "exceptions", o que não é significativo.

Nós conseguimos distribuir a vulnerabilidade, criando "compartimentos" estanques e com isto, evitamos a propagação de alterações e diminuímos a possibilidade de "brittleness". E conseguimos chegar a um "Quality Index" de 9,9!

Quer um exemplo? Vamos supor que o cliente queira transformar a camada de apresentação, mudando de Swing para Web. É só alterar ou substituir o pacote "presentation", sem necessidade de alterar o resto. Nenhuma outra classe usa elementos da camada de apresentação, como JOptionPane, por exemplo.

Só para concluir, vejamos o que o plugin "Technical Debt", do Sonar, nos diz:

Conclusão

Conseguimos chegar a um excelente resultado, diminuindo a dívida técnica e entregando um sistema bem melhor do que era originalmente. Isto teve um custo, é claro. Eu gastei cerca de uma semana, trabalhando seis horas por dia para chegar a este resultado.

Considerando que o sistema todo foi feito originalmente em três dias, podemos ver o peso que teve essa dívida técnica:

- 3 dias * 6 horas por dia * US$ 100,00 (hora de um programador) = US$ 1.800,00;

- 5 dias * 6 horas por dia * US$ 100,00 (hora de um programador) = US$ 3.000,00;

Custou mais caro reformar o sistema do que construí-lo, resultando em um custo total de US$ 4.800,00. O custo desta "reforma" poderia ter sido o próprio custo do sistema, se tivesse sido feito com maior cuidado.

Se não tivéssemos feito isto, a empresa e a equipe pagariam "juros" altos a cada manutenção. Imagine o "sufoco" para transformar esse sistema em Web, partindo da versão original.

Lições importantes sobre redução da dívida técnica

Existem lições importantes que devem ser aprendidas e relembradas com relação à dívida técnica. Analisemos as mais significativas aqui.

Não confie cegamente nas métricas

Eu tomei o cuidado de mostrar as métricas iniciais para alguns colegas e, para minha surpresa, alguns deles sequer reconheceram que havia problemas. Uns poucos disseram que era melhor verificar quais eram as violações e apenas um deles disse que era necessário fazer uma reestruturação do sistema.

E sabe no que se basearam? Principalmente no "Quality Index" e na complexidade ciclomática. Existe o "mito" de que uma complexidade ciclomática ruim é apenas aquela acima de 10. Só que não repararam na complexidade das classes nem no altíssimo RFC.

É preciso tomar os seguintes cuidados:

1. Comparar mais de uma métrica e em mais de uma ferramenta;

2. Entender o que as métricas significam e qual o seu relacionamento com os itens de qualidade do código;

3. Usar métricas "polêmicas" e pouco usadas, tais como, LOC, Instabilidade e Distância da Sequência Principal;

4. Olhar o código!

Não confie cegamente em uma única ferramenta

O plugin "Technical Debt" nos disse que bastariam US$ 169,00 reais e dois homens/dia para consertar tudo. Temos que usar mais de uma ferramenta e devemos observar com cuidado várias métricas.

Algumas ferramentas utilizam cálculos peculiares, mais voltados para a sua finalidade. Por exemplo, alguns problemas são graves para o CheckStyle, porém idiotas para outras ferramentas, como o PMD.

Não tente zerar tudo

Apesar do nosso grande sucesso com o projeto, nem sempre é possível alcançar números tão bons de uma só vez. Pode ser muito caro ou mesmo inviável economicamente.

Temos que sempre seguir a Lei de Pareto: 80% dos problemas são baseados em 20% das causas. E se formos bem atentos, podemos achar esses 20% e comprovar com relatórios das ferramentas. Depois que atacarmos esses 20% de causas, o que sobrar será mais barato de se conviver.

O que quero dizer é que, depois de algum tempo, o retorno de consertar pequenas "filigranas" não compensa mais. Você deve saber o momento certo de parar com as refatorações. Isto não quer dizer que você não deva refatorar sempre, mas que esse trabalho de "Sherlock Holmes", de ficar buscando probleminhas no código, tem que ter um fim.

204 | **Qualidade de Software na Prática**

A ideia geral é trabalhar como se estivesse descascando uma cebola, ou seja, vamos tirar primeiro a casca externa, depois indo para a casca interna até que cheguemos a uma parte aproveitável. E enquanto estivermos na parte externa, não devemos nos preocupar com detalhes pequenos. Isto é trabalho para o refinamento, o que fizemos na terceira revisão.

Manual do Indie Game Developer
Versão Android e iOS

Autor: Cleuton Sampaio

344 páginas
1ª edição - 2013
Formato: 16 x 23
ISBN: 978-85-399-0424-2

Ao longo do livro, você construirá um framework simples, porém abrangente e que pode ser utilizado para criar games móveis biplataforma (Android e iOS) rapidamente. O game exemplo do livro "Bola no Quintal" foi feito em apenas uma semana para as duas plataformas. Veja como usar Box2D e OpenGL ES 2.0 para criar games fantásticos. O livro inclui: Fundamentos de imagens, vetoriais e "raster"; Ferramentas para prototipação de games, como: "Codea" e "Processing"; Conceitos de física de games, incluindo o engine "Box2D"; Renderização direta pela GPU, utilizando OpenGL ES 2.0, tanto em Android como em iOS; Como criar games de ação; Como criar displays para o jogador; Um framework completo multiplataforma que você mesmo cria desde o início; Como integrar o game em uma aplicação móvel; Como criar um game tipo plataforma; Efeito de paralaxe; Sistemas de partículas; OpenGL - Box2D - Efeitos especiais; Um framework completo para você. Tudo explicado com vários exemplos práticos!

À venda nas melhores livrarias.

Visual Basic 2010, Simplesmente
Uma Abordagem Dirigida por Aplicativos - 4ª Edição

Autor: Paul Deitel

1048 páginas
4ª edição - 2013
Formato: 21 x 28
ISBN: 978-85-399-0420-4

O Visual Basic 2010 – Simplesmente, Quarta Edição é destinado a cursos de nível introdutório e sequências de cursos em programação de computadores para estudantes com pouca ou nenhuma experiência com programação. Este livro ensina princípios de programação de computadores e a linguagem Visual Basic 2010, incluindo tipos de dados, sentenças de controle, programação orientada por objetos, classes da .NET Framework Class Library, conceitos de GUI, programação dirigida por eventos, desenvolvimento de aplicativos web e de bases de dados, e muito mais. Depois de dominar o material deste livro, os estudantes vão ser capazes de programar no Visual Basic 2010 e de empregar muitas das principais capacidades da plataforma .NET 4.0.

O livro está atualizado com o Visual Studio 2010 da Microsoft, que inclui o Visual Basic 2010. Nós reconstruímos todos os aplicativos do livro usando o software de 2010. Todos os aplicativos e soluções foram completamente testados nesta plataforma.

À venda nas melhores livrarias.

Impressão e Acabamento
Gráfica Editora Ciência Moderna Ltda.
Tel.: (21) 2201-6662